rapidez que yo lo hago, que sepan cuál es el primer ingrediente de una mayonesa ligera o tengan claro que hay que sospechar de los alimentos con más de cinco ingredientes. Supongo que por esto y el cariño que me profesa me ha pedido que prologue este su tercer libro. ¡Vaya honor!

El buenpadre cumple las normas de su legado porque «comer bien empieza en la lista de la compra». Esto me lo he grabado a fuego desde la primera vez que me lo dijo. Luego vinieron otras enseñanzas que han dado sentido a mi vida como que «el jamón de York NO existe» o que «los palitos de cangrejo son el mal» y que «el pollo lento va a ser el *hit* de este año».

Si tienen pesadillas con que aparecerá, cuando menos lo esperen, por los pasillos del supermercado, si sienten remordimientos cuando están a punto de echar mano a ese paquete de galletas que les llama sin piedad, si no saben qué demonios es el glutamato o hiperventilan cuando se ponen delante del lineal de los yogures, este es su libro. Porque uno de los mayores valores de Boticaria García, además de tener paciencia infinita cada vez que una nueva adscrita le pregunta qué es eso de «comer Portugal», es que usa el sentido común y su mayor objetivo es que aprendamos a leer las etiquetas y no nos dejemos llevar por las apariencias del *packaging*. Marián se ha propuesto con este libro que aprendamos a comer mejor sin arruinarnos en el intento, porque es posible.

Eso sí, aún no ha conseguido ciertas cosas, como cambiar mi desayuno «ideal»: barrita de pan integral (sí, integral) con mantequilla y mermelada de fresa. Nadie dijo que fuera fácil. Pero tiempo al tiempo... Ella es castellana y de ideas fijas.

LAURA BAENA FERNÁNDEZ
FUNDADORA DEL CLUB DE MALASMADRES

INTRODUCCIÓN

El jamón de York no existe. El pan rústico se fabrica en naves industriales. Y encontrar cangrejo en los palitos de cangrejo es más difícil que buscar a Wally. La industria no nos engaña, pero conoce al dedillo la legislación y la estira como un chicle para poner en el mercado muchos productos que son verdaderos lobos con piel de cordero.

A la hora de llenar el carro de la compra nos encontramos con cinco grandes problemas:

LAS ETIQUETAS SON JEROGLÍFICOS. Leemos aditivos como E-300 y E-621 y todo nos suena igual. Sin embargo, el primero es la vitamina C y el segundo el glutamato monosódico. Por otro lado, ¿conoces la diferencia real entre un producto «bajo en azúcares», «sin azúcares» o «sin azúcares añadidos»? ¿Y la diferencia entre «alto en fibra» o «bajo en fibra»? Lo único que sabemos es que hay cosas que nos suenan bien y otras que nos suenan mal, pero quizá sin mucho criterio porque **nadie nos ha enseñado a leer etiquetas.**

LOS ALIMENTOS SON LOS NUEVOS MEDICAMENTOS. Ya no basta con que la comida nos alimente. Ahora la comida tiene que curarnos. De los creadores de «La margarina te ayuda a bajar el colesterol» llegan nuevos éxitos, como «Las galletas con azúcar te ayudan a bajar el colesterol». **Aunque haya que tomar medio paquete de galletas para lograrlo.** Mención especial para la plaga de alimentos «sin». Los productos «sin lactosa» o «sin gluten» son muy útiles para algunas personas; lo que clama al cielo es que intenten hacernos creer que debemos tomarlos todos.

LO «NATURAL» SE HA CONVERTIDO EN UNA RELIGIÓN. Poco a poco ha ido calando el mensaje de que si algo es natural es más saludable. *Naturales* son los tomates, el brócoli o las lentejas. Y tomadura de pelo es un envase de pavo cocido «natural» que lleva un triste 60% de pavo… y el resto, basurilla. Bajo el paraguas de la palabra «natural» o bajo el disfraz de un envase de color verde, se esconden verdaderos *zorromostros* nutricionales. Recordemos, por otro lado, que el aire que respiramos es «química» y que natural también es la cicuta.

LOS SUPERALIMENTOS LOS CARGA EL DIABLO. Viajan desde muy lejos pero han llegado para quedarse. Nada tiene de malo comer bayas de açai, kamut o quinoa… excepto para nuestro bolsillo y el medio ambiente, porque en España tenemos productos locales de igual o mayor valor nutricional. El problema es que **«aliñar» con superalimentos se ha convertido en una estrategia para tunear productos poco saludables.** Y así, a la chita callando, los lineales se llenan de tortitas multicereales con quinoa, con solo 0,08 gramos de quinoa por tortita, o con un guacamole con un vergonzoso 0,66% de aguacate en polvo. Hay que leer la letra pequeña, siempre.

LA LEGISLACIÓN, A VECES, ES BLANDITA. Y esta es la clave de todo. Es importante endurecer la ley, y hacer cumplir la que ya tenemos, para que no se permitan mensajes engañosos. Mensajes como los que hoy lucen en los envases y que, aun siendo perfectamente legales, nos hacen pensar que un producto es saludable cuando no lo es. No podemos dejar a la buena voluntad de la industria que deje de fabricar productos mientras los está vendiendo como churros. Y tampoco podemos pensar que toda la responsabilidad recae en el consumidor: la información debe ser clara y sencilla, para todos los públicos, sin necesidad de tener un máster en Criptología.

¿POR QUÉ TRIUNFAN ESTOS ALIMENTOS SI NO SON SALUDABLES?

Porque le interesa a mucha gente. En primer lugar le interesa al que los vende, que ha encontrado un filón y un nuevo nicho de mercado. En segundo lugar le interesa a los gurús, a ciertos *coaches* nutricionales y a *influencers* varios sin formación científica, que amplifican el mensaje y ganan *likes* y reputación diciendo lo que la gente quiere oír. Y en último lugar, le interesa al consumidor que acepta el discurso encantado porque así puede seguir comiendo cosas que estén ricas sin que le remuerda la conciencia. ¿A quién no le gusta oír que comiendo galletas bajará su colesterol o que comiendo panela, tan dulce ella, ganará un montón de vitaminas? Es un triángulo perfecto y blindado donde la ciencia no tiene cabida, porque incomoda los intereses de todos.

TRIÁNGULO DE LA FARSA NUTRICIONAL

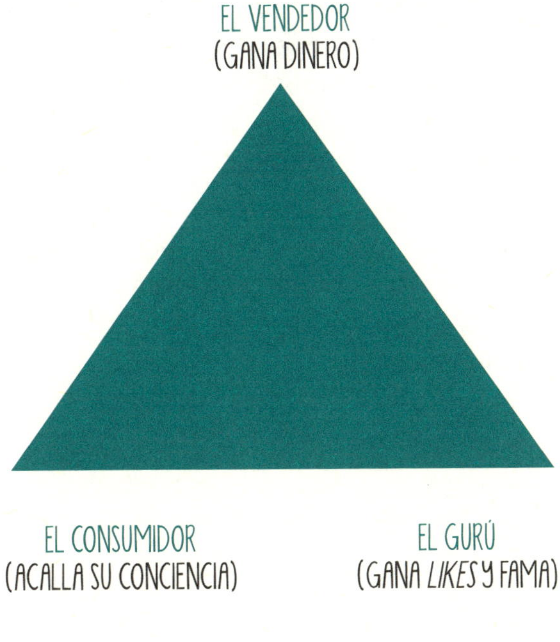

¿HAY SOLUCIÓN PARA ESTE DESASTRE?

Cambiar la legislación o remover la conciencia de la industria no está en nuestras manos o al menos no de forma sencilla. Pero hay algo que sí podemos hacer: aprender a ser conscientes de lo que nos estamos llevando a la boca. Sé que no es fácil y por este motivo nace este libro: para ayudarnos a resolver los misterios del etiquetado y destripar las tretas del *marketing* nutricional.

Nuestra salud depende de lo que comemos y lo que comemos depende de lo que metemos en el carro de la compra. Sabiendo elegir, viviremos mejor. Y de paso, podemos ahorrarnos unos euros evitando que nos cuelen un gol. ¡Todo son ventajas!

EL ETIQUETADO NUTRICIONAL

El etiquetado nutricional es la forma que tiene el fabricante de contarnos cositas sobre el producto: de dónde viene, sus ingredientes, qué nutrientes aporta e incluso cómo conservarlo. Para evitar que cada fabricante haga de su capa un sayo y nos volvamos locos, la legislación regula qué puede y qué no puede aparecer en el etiquetado. En el año 2011 recibimos con alegría al Reglamento (UE) Nº 1169/2011[1] que nació con el objetivo de *proporcionar información útil, legible y comprensible al consumidor* (Ministerio de Sanidad *dixit*).

Aunque el reglamento mejoró muchos aspectos, el etiquetado nutricional sigue sin ser comprensible para el común de los mortales. Y esto es un problema, porque saber interpretar el etiquetado es clave para tomar buenas decisiones. Después de leer estos siete mandamientos, no lo volverás a ver con los mismos ojos.

Los 7 mandamientos del etiquetado.

1. Leerás la tabla nutricional.
2. Leerás la lista de ingredientes.
3. Compararás la tabla nutricional con la lista de ingredientes.
4. Conocerás las declaraciones nutricionales más frecuentes.
5. Identificarás (y respetarás) los aditivos.
6. Identificarás (y respetarás) los alérgenos.
7. Ignorarás los reclamos de *marketing* aunque te seduzcan poderosamente.

Estos siete mandamientos se resumen en dos:

ELEGIRÁS PREFERENTEMENTE ALIMENTOS SIN ETIQUETA.
COMER FRUTA, VERDURA Y FRESCOS ES SIEMPRE UN PLAN SIN FISURAS.
SOSPECHARÁS DE LOS ALIMENTOS CON MÁS DE 3-4 INGREDIENTES*.
CUANTO MENOS BULTO, MÁS CLARIDAD.

1. LEERÁS LA TABLA NUTRICIONAL

La tabla nutricional **es el famoso «recuadro» donde todos vamos derechitos a mirar las calorías** como si eso fuera lo único importante. Hay que diferenciarlo de la lista de ingredientes, que es el apartado donde estos aparecen en fila india, separaditos por comas.

La tabla nos ofrece información nutricional de forma cuantitativa. **Nos dice qué porcentaje de proteínas o qué porcentaje de azúcar tiene el alimento.** No todas las tablas son iguales: hay información obligatoria y otra que no lo es:

* Una excepción puede ser un pan integral multicereales. Si el pan está elaborado con cinco o seis cereales diferentes, más la levadura, el agua y la sal, lógicamente no cumplirá «la regla», pero puede ser un alimento saludable.

INFORMACIÓN OBLIGATORIA: Sí o sí, en la tabla debe aparecer el valor energético (las famosas kilocalorías), las grasas, las grasas saturadas, los hidratos de carbono, los azúcares, las proteínas y la sal. La tabla nos indica la cantidad de ellos en 100 gramos o 100 ml del alimento[2 y 3].

EJEMPLO DE TABLA NUTRICIONAL

YOGUR NATURAL

Por cada 100 g	
Valor energético	**73 kcal**
Grasas De las cuales	3,5 g
saturadas	2,4 g
Hidratos de carbono De los cuales	5,5 g
azúcares	4,2 g
Proteínas	4,8 g
Sal	0,1 g

INFORMACIÓN VOLUNTARIA: La información voluntaria (puede aparecer o no en la tabla) son las grasas monoinsaturadas, grasas poliinsaturadas, polialcoholes, almidón, fibra alimentaria, vitaminas y minerales. Para evitar el «postureo» nutricional, en la tabla solo pueden aparecer las vitaminas y minerales si están presentes de forma significativa en el producto. ¿Qué se considera una cantidad significativa de vitaminas y minerales? Que consumiendo 100 gramos de producto consigamos el 15% de las necesidades diarias de ese nutriente o el 7,5% en el caso de las bebidas. ¿Y eso es mucho o poco? Depende del global de la dieta; pero si el fabricante se ajusta a la ley y solo incluye el 15%, en principio no es para tirar cohetes. Se consideran las necesidades diarias para un adulto que consume 2.000 kcal/día.

EJEMPLO

El valor de referencia nutricional del calcio es de 800 mg/día. Si un yogur aporta 120 mg por cada 100 g (el 15% de las necesidades diarias), el calcio podría aparecer en la tabla. Si el yogur solo tuviera 100 mg de calcio por cada 100g, no podría figurar en la tabla.

¿EN QUÉ DEBO FIJARME? TABLA NUTRICIONAL

Depende de muchos factores pero, en general, si tienes que elegir entre varios productos de la misma familia, suele ser un buen indicador comparar la cantidad de ácidos grasos saturados*, de azúcar y de sal. En principio, cuanto menor sea el porcentaje de los tres, mejor.

Pista: se considera que un alimento tiene «mucha sal» por encima del 1,25% y «poca sal» por debajo del 0,25%[4]. La OMS recomienda que las personas adultas consuman un máximo de 5 gramos de sal al día.

* No todos los ácidos grasos saturados son iguales, véase página 175.

2. LEERÁS LA LISTA DE INGREDIENTES

En la tabla nutricional hay información obligatoria y otra voluntaria, pero en la lista de ingredientes es obligatorio incluir **TODO**[*]. La lista incluye los ingredientes que se utilizan en la fabricación del alimento y **que permanecen en el producto final**. Este matiz es importante porque hay sustancias llamadas «coadyuvantes», que son necesarias en el procesamiento pero que después se eliminan y no aparecen en el producto final. Un ejemplo son las sales que se utilizan en la obtención del azúcar a partir de la remolacha azucarera pero que no aparecen en el azúcar que llega a la mesa.

EJEMPLO DE LISTA DE INGREDIENTES

YOGUR DE SABORES

Ingredientes: leche parcialmente desnatada, azúcar (8,3%), proteínas de **leche**, aromas, colorantes (E-120 sabor fresa) (E-120 y E-101 sabor macedonia) y fermentos **lácticos**.

En la lista podemos diferenciar los procesados saludables vs. ultraprocesados. En los primeros predomina la materia prima y se añaden pocos ingredientes (2-3) para mejorar propiedades como la conservación o la textura. **Ejemplo:** lentejas cocidas que solo llevan lentejas, agua, sal y un antioxidante.

En cambio, en los ultraprocesados, la materia prima queda diluida en un mar de ingredientes superfluos (azúcar, sal, aceites refinados, almidón o potenciadores de sabor) que hacen atractivos a productos que no son saludables. **Ejemplo:** salchichas, fiambre o galletas.

---

[*] La lista de ingredientes no es obligatoria en algunos productos como: los que proceden de un solo ingrediente (frutas, hortalizas y patatas sin manipular); vinagres de fermentación sin otros ingredientes añadidos; queso; mantequilla; leche y nata fermentadas sin ingredientes añadidos en el proceso, y bebidas que tengan más de 1,2% en volumen de alcohol.

¿EN QUÉ DEBO FIJARME?

LISTA DE INGREDIENTES

En un mundo ideal deberíamos fijarnos en todo pero, por marcar un objetivo más realista, nos quedaremos en seis puntos:

NÚMERO DE INGREDIENTES: si tiene menos de 3-4 ingredientes, vas por buen camino. Esta regla no es infalible, pero los alimentos con un número mayor suelen ser alimentos ultraprocesados poco saludables. Un buen yogur solo necesita dos ingredientes, leche y fermentos lácticos. Si tiene siete, como en el ejemplo propuesto en la página anterior, sospecha que algo sobra.

ORDEN DE LOS INGREDIENTES: siempre aparecen ordenados de mayor a menor peso. El primero es el más abundante y el último, el que se encuentra en menor proporción. Si en unos palitos de cangrejo el primer ingrediente es agua, podemos sospechar que poco cangrejo llevan.

TIPO DE ACEITE: desde hace años es obligatorio que al indicar «aceite vegetal» se especifique cuál es en concreto. No es lo mismo aceite de oliva, de girasol o de palma. Se debe priorizar el aceite de oliva virgen o aceite de oliva virgen extra (AOVE).

AZÚCARES: los azúcares tienen mil caras. En la página 203 los desenmascaramos.

SAL: elige preferentemente alimentos sin sal o bajos en sal.

POTENCIADORES DEL SABOR Y EDULCORANTES: los primeros van del E621 al E635 y los segundos del E950 al E967. No son tóxicos, pero pueden modificar nuestro patrón de ingesta. Es preferible evitarlos.

3. COMPARARÁS LA TABLA NUTRICIONAL CON LA LISTA DE INGREDIENTES

La información que ofrecen la tabla nutricional y la lista de ingredientes es complementaria. Por ejemplo, en la tabla nutricional puede aparecer un porcentaje de azúcar propio del alimento (como la lactosa del yogur) sin que este tenga azúcar añadido. Si lo tiene, aparecerá la palabra **«azúcar»** (o alguno de sus primos hermanos) en la lista de ingredientes.

En esta lista también es posible que aparezca el ingrediente seguido entre paréntesis del porcentaje en el que está presente. Este porcentaje aparece de forma obligatoria cuando en el envase se hace alusión a que el producto contiene un determinado ingrediente. Por ejemplo, si en un envase de pan aparece «en letras grandes» la mención «con harina de espelta», en la lista de ingredientes deberá indicarse entre paréntesis qué porcentaje de harina de espelta contiene. Es decir, si el fabricante «presume» de algo, tiene que demostrarlo.

La sorpresa es que a veces al leer la letra pequeña nos encontramos con aquello de: «Dime de qué presumes y te diré de qué careces». En este pan donde se anuncia a bombo y platillo la presencia de espelta, vemos que el porcentaje de espelta es muy pequeño, solo un 0,7%. Esto supondría la friolera de ¡0,175 gramos de espelta! en una rebanada de pan. Más información sobre tropelías similares en página 121.

CASO PRÁCTICO

PAN CON ESPELTA

Ingredientes: harina integral de **trigo**, agua, masa madre de **trigo** (10%), harina de **trigo**, levadura y otros microorganismos naturales (L. brevis y P. shermanii), harina de **centeno**, semillas de quinoa (2,1%), semillas de chía (1,8%), aceite de oliva refinado (1%), sal, harina de maíz, harina de espelta (0,7%), gluten de **trigo**, harina de **cebada** malteada. Puede contener trazas de semillas de **sésamo**.

4. CONOCERÁS LAS DECLARACIONES NUTRICIONALES MÁS FRECUENTES

¿Conoces las diferencias entre «sin azúcar» y «sin azúcar añadido»? ¿Y entre «alto en fibra» y «fuente de fibra»? La legislación recoge numerosas declaraciones nutricionales con sus respectivas condiciones. Algunas de las más frecuentes se recogen en esta tabla:

	Declaraciones	Condición
ENERGÍA	Bajo valor energético	Menos de 20 kcal/100 g en sólidos y menos de 40 kcal/100 g en líquidos
	Valor energético reducido (*light* o ligero)	Reducción del 30% de kcal con respecto al producto estándar
	Sin aporte energético (sin calorías)	Máximo 4 kcal/100 g
AZÚCAR	Bajo contenido de azúcares	No contiene más de 5 g de azúcares por 100 g en el caso de los sólidos o 2,5 g de azúcares por 100 ml en el caso de los líquidos
	Sin azúcares	No contiene más de 0,5 g de azúcares por 100 g o 100 ml.
	Sin azúcares añadidos	Si no se ha añadido al producto ningún monosacárido ni disacárido, ni ningún alimento utilizado por sus propiedades edulcorantes.
FIBRA	Fuente de fibra	Mínimo 3 g de fibra por 100 g o, como mínimo, 1,5 g de fibra por 100 kcal.
	Alto en fibra	Mínimo 6 g de fibra por 100 g o 3 g de fibra por 100 kcal.

Como vemos, **«bajo contenido en azúcares»** y **«sin azúcares añadidos» nos puede sonar igual, pero son cosas muy diferentes,** y distinguir estos matices puede ayudarnos a evitar que nos cuelen un gol (véase página 211). Si quieres conocer más declaraciones nutricionales, puedes consultar la web de AECOSAN[5].

SABÍAS QUE...

LIGHT NO SIGNIFICA MÁS SALUDABLE

Los alimentos *light* son los que han reducido un 30% las calorías o el contenido de un nutriente con respecto al producto estándar. Por ejemplo, una **mayonesa *light* tendrá al menos un 30% menos de grasa que la «normal».** ¿Esto significa que la mayonesa *light* es sana? No, sigue siendo un producto ultraprocesado que debemos evitar priorizando el consumo de aceite de oliva virgen extra.

5. IDENTIFICARÁS (Y RESPETARÁS) LOS ADITIVOS

En algunos hogares nombrar a la familia de los E-XXX es peor que nombrar a Voldemort. El miedo es injustificado: **todos los aditivos son seguros en las cantidades que se encuentran en los alimentos**. La legislación indica qué aditivos están permitidos en los alimentos y en qué cantidad.

Entre los aditivos suele haber confusión con los términos «seguro» y «saludable». Seguros son todos, saludables no tanto:

ADITIVOS QUE SÍ: existen alimentos procesados saludables donde los aditivos pueden ser necesarios. Como hemos comentado, hay procesados saludables y son aquellos con un mínimo grado de procesamiento. Un ejemplo clásico es el E-330 (ácido cítrico) que se añade al tomate frito como antioxidante y corrector de acidez. O el EDTA que se añade a las lentejas «de bote» para que no se oscurezcan y así evitar que adquieran un aspecto poco atractivo.

ADITIVOS QUE NO: los potenciadores de sabor, como el glutamato monosódico, no son el diablo con patas. A pesar de su mala prensa, en las dosis en las que se añaden a los alimentos son seguros y no «dañan el cerebro» como algunos predican. El problema de estos aditivos es que pueden modificar nuestra conducta alimentaria haciendo que comamos más. ¿Por qué? Porque como su nombre indica potencian el sabor y pueden interferir en los mecanismos que regulan el apetito y la saciedad. En otras palabras: hacen que la comida esté más rica y nos pueden llevar a comer más. Como además se añaden a productos que no suelen ser saludables, ya tenemos la fiesta montada.

Conclusión: a los aditivos hay que respetarlos, pero también identificarlos e intentar evitar los que puedan llevarnos a comer más, como los potenciadores de sabor (de E-620 a E-635) o los edulcorantes (de E-950 a E-967) (véase página 217):

Código	Categoría
E1xx	Colorantes
E2xx	Conservantes
E3xx	Antioxidantes
E4xx	Emulgentes, estabilizantes, espesantes y gelificantes
E5xx	Agentes antiaglomerantes, ácidos, bases y sales
E620 o E635	Potenciadores del sabor
E901 o E904	Agentes de recubrimiento
E950 o E967	Edulcorantes

6. IDENTIFICARÁS (Y RESPETARÁS) LOS ALÉRGENOS

En otros hogares lo que produce terror no son los aditivos sino la posible presencia de alérgenos alimentarios. Y aquí el terror está justificado porque una alergia o una intolerancia no es cosa de broma. Hay 14 alérgenos de declaración obligatoria en el etiquetado: altramuces, apio, cacahuetes, cereales con gluten, crustáceos, frutos con cáscara, granos de sésamo, huevos, leche, moluscos, mostaza, pescado, soja y sulfitos/dióxido de azufre.

Es obligatorio que la información sobre estas sustancias aparezca en la lista de ingredientes con distinto tipo de letra, estilo o color de fondo para que se distinga bien del resto de la lista de ingredientes. Volvemos al ejemplo del pan de espelta donde vemos cómo se resaltan los alérgenos. Indican los cereales que contienen gluten, como trigo, centeno o espelta, y además señalan la posible presencia de trazas de sésamo.

CASO PRÁCTICO

PAN CON ESPELTA

Ingredientes: harina integral de **trigo**, agua, masa madre de **trigo** (10%), harina de **trigo**, levadura y otros microorganismos naturales (L. brevis y P. shermanii), harina de **centeno**, semillas de quinoa (2,1%), semillas de chía (1,8%), aceite de oliva refinado (1%), sal, harina de maíz, harina de **espelta** (0,7%), gluten de **trigo**, harina de **cebada** malteada. Puede contener trazas de semillas de **sésamo**.

Desde 2015 los bares y restaurantes también deben indicar la posible presencia de estos alérgenos en sus platos[6]. Sin embargo, y aunque se ha avanzado mucho en este campo, es necesario seguir trabajando para que la oferta de productos saludables libres de alérgenos sea mayor y más asequible en todos los ámbitos (véase página 80).

7. IGNORARÁS LOS RECLAMOS DE *MARKETING* AUNQUE TE SEDUZCAN PODEROSAMENTE

Siento ser yo quien te diga esto, pero el tomate frito de la abuela no lo ha hecho ninguna abuela. También sé que es fácil confundirse, pero, **aunque el sello de alguna sociedad científica luzca en el envoltorio, unos *donuts* siempre serán unos *donuts*.**

Hay que leer las etiquetas **SIEMPRE**. Un producto puede no ser saludable:

... aunque lleve dibujado un melocotón enorme en el envase.

... aunque la caja sea de color verde y parezca «natural».

... aunque directamente ponga la palabra «natural». En el supermercado se venden envases de torreznos «100% natural».

... aunque el producto sea 0%0%0%. Ojo, porque si no lleva de nada... ¿qué le ponen?

... aunque un famoso lo diga en la tele o un *influencer* aparezca comiéndolo en Instagram.

Especialmente en este último caso, el del *influencer*, un producto tiene muchas papeletas para ser una basura.

Aunque cueste creerlo, muchos de los reclamos que se emplean (casero, mediterráneo, rústico, receta original, etc.) no significan nada. Nada de nada. La industria puede ponerlos sin que sus productos tengan que cumplir ningún requisito. En la página 135 se amplía información sobre los reclamos vacíos de contenido.

LÁCTEOS

EL MITO BLANCO

Mi animal mitológico favorito son los lácteos. No hay otro grupo de alimentos en el mundo que haya dado lugar a tantas leyendas urbanas. Algunas son infundadas y otras debidas a que «hoy las ciencias adelantan que es una barbaridad» y muchos profesionales no se actualizan.

Mientras unos dicen que tomar leche a diario es imprescindible, para otros es el demonio. ¿Quién lleva razón? Con la evidencia científica en la mano no podemos afirmar ni una cosa ni la otra. Beber leche es una manera sencilla, cómoda y saludable de alcanzar los requerimientos diarios de nutrientes como el calcio o la vitamina D. Sin embargo, no podemos decir que la leche es un alimento imprescindible porque también podemos conseguir los nutrientes que nos aporta a partir de otros alimentos. Por ejemplo, las personas veganas o alérgicas a la proteína de la leche de vaca pueden seguir una dieta saludable sin lácteos[7]. Los lácteos no son imprescindibles pero, ¡cuidado!, tampoco son ciertos muchos mitos que circulan sobre ellos.

5 MITOS SOBRE LOS LÁCTEOS

1. LA LECHE TIENE ANTIBIÓTICOS

Desde el año 2006 en la Unión Europea está prohibido administrar antibióticos a los animales para favorecer su «engorde». Solo pueden administrarse con fines terapéuticos y bajo prescripción del veterinario. ¿Y estas medidas se cumplen? Sí, aunque en España el uso de antibióticos es mayor que en otros países de Europa[8], se cumplen. La EFSA (Autoridad Europea de Seguridad Alimentaria) realiza controles periódicos para ver si los ganaderos hacen bien los deberes y el porcentaje de muestras que no cumple la legalidad es inferior al 0,2%.

2. A LA LECHE LE AÑADEN HORMONAS

Pues tampoco. **En el año 2009 el Gobierno de España modificó un Real Decreto para prohibir definitivamente el uso de hormonas en la cría de ganado.** Es decir, llevamos al menos 10 años sin posibilidad de hormonarnos por esta vía[9].

3. TOMAR LÁCTEOS AUMENTA LAS FLEMAS

La última revisión realizada en 2018 tiene una conclusión firme: no hay evidencia científica de que la leche aumente la producción de mocos o flemas[10]. ¿De dónde viene el mito? **Se lo debemos todo al Dr. Spock, una especie de Carlos González de los años 40 que escribió un libro titulado *El cuidado de su hijo del Dr. Spock*** y que arrasó vendiendo más de 50 millones de ejemplares. En este libro el Dr. Spock afirmaba que los lácteos aumentaban las flemas. Y desde entonces hasta nuestros días, sin evidencia científica que lo corrobore.

4. EL HOMBRE ES EL ÚNICO ANIMAL QUE SIGUE BEBIENDO LECHE TRAS EL DESTETE

Entre todos los mitos, este es mi preferido. Debido a la evolución propia de su especie, **el hombre hace infinidad de cosas que no pueden hacer los animales, como haber viajado a la Luna o jugar al Candy Crush.** Además, casualmente también ha aprendido a cultivar cereales y ordeñar animales mamíferos. Decir que la leche es «mala» porque el hombre es el único animal que la bebe tras el destete es un argumento muy flojo. Pero para estar a la altura siempre podremos responder que si a un gato le das un platito con leche, también se la bebe.

5. LOS LÁCTEOS DESNATADOS SON MÁS SALUDABLES

Buenas noticias. Desde hace ya unos años **los estudios muestran que las personas que toman lácteos enteros no tienen más obesidad, ni más diabetes ni más enfermedades cardiovasculares** que las que toman leche desnatada o semidesnatada. Es decir: la grasa de la leche no es tan mala como se pensaba[11].

LECHE SEMIDESNATADA Y DESNATADA, ¿SÍ O NO?

SÍ La leche entera aporta más energía porque contiene más grasa. Si por alguna razón tu objetivo es reducir las calorías de la dieta, la leche semidesnatada o desnatada es una buena opción.

NO Si no tienes motivos para controlar la ingesta calórica, con la evidencia científica de la que disponemos hasta hoy, no hay razón para privarte del sabor y los nutrientes de la leche entera.

LECHE

MUNDO LECHE: ¿QUÉ HAY EN EL SUPERMERCADO?

En el apartado de «leche y bebidas vegetales» de cualquier supermercado *online* podemos encontrar 300 referencias diferentes. Trescientas referencias, literalmente.

En cuestión de leches, en lugar del yin y el yang tenemos el *sin* y el *con*. Las hay que presumen de «sin», como las famosas «sin lactosa», y las que presumen de «con», como las clásicas «con calcio». Y después, para los indecisos, la industria magnánima inventó las «sin-lactosa-con-calcio». También hay leche con fibra, con ácidos grasos esenciales, con ácido fólico y con vitaminas A, C, D y E. Y así hasta completar el abecedario. En ese afán por añadir «cosas» a la leche, un maravilloso día a alguien se le ocurrió añadirle zumo. Y desde entonces tenemos entre nosotros un completísimo alimento para la merienda de los niños cuyo primer ingrediente es... ¡agua! Sí, agua (véase página 41).

RADIOGRAFÍA DE LA LECHE PERFECTA

Si buscamos la «leche perfecta» para una persona que siga una dieta saludable y no tenga intolerancias, ni alergias ni otros impedimentos para tomar leche de vaca, menos es más.

INGREDIENTES: leche de vaca. Con tres palabras basta: leche-de-vaca.

TABLA DE COMPOSICIÓN NUTRICIONAL: la leche y los yogures siguen la regla del «3-4-3». Una leche entera «normal» tiene en torno a un 3% de grasa, 4-5% de azúcar y 3% de proteínas. Si optamos por una «semi», la proporción será 1-4-3 y si es una «desnatada», en torno al 0,3-4-3.

PREGUNTAS QUE SIEMPRE QUISISTE HACER SOBRE LA LECHE

1. ¿MEJOR LECHES ENRIQUECIDAS O NORMALES?

Lo ideal es obtener los nutrientes a partir de los alimentos en su forma natural. Aunque el calcio de la leche tenga «buena fama», no olvidemos que solo se absorbe en un 30% y existen otras fuentes interesantes de calcio, como la col rizada, la col china o las almendras. ¡OJO! Otras verduras de hoja verde que sobre el papel son ricas en calcio, como las espinacas, en realidad no son la mejor fuente de calcio porque también contienen ácido oxálico que lo «secuestra».

Cubrir las necesidades de calcio con leches enriquecidas sale más caro que un suplemento vitamínico. **Las leches enriquecidas son en general un 50% más caras que las «normales».** Como la cantidad extra de vitaminas y minerales que aportan estas leches tampoco suele ser para tirar cohetes, ¿vale la pena pagar ese sobrecoste?

LECHES ENRIQUECIDAS, ¿SÍ O NO?

SÍ Las leches enriquecidas son un recurso si a través de la alimentación te cuesta un mundo alcanzar los requerimientos de algunos nutrientes como el calcio o la vitamina D y estás dispuesto a pagar alrededor de un 50% más por la leche.

NO **Las leches enriquecidas no son una buena opción si por prescripción médica tomas vitamina D o calcio y piensas sustituir la medicación por ellas.** En los fármacos las dosis de los micronutrientes están diseñadas para cubrir las carencias. Mucha leche tendrías que beber para que te aportara lo mismo que un suplemento.

2. ¿MEJOR LECHE CON LACTOSA O SIN LACTOSA?

A pesar de que, junto al gluten, la lactosa parece ser el nuevo anticristo, **la lactosa es un azúcar presente de forma natural en la leche.** Incluso en la leche materna. La lactosa está formada por dos azúcares que van de la manita: glucosa y galactosa. En el intestino la enzima lactasa obliga a las dos moléculas a separar sus manitas y así cada una, glucosa y galactosa, se absorbe por separado.

Si una persona anda escasa de lactasa, la lactosa no puede dividirse y la glucosa y la galactosa se quedan flotando de la manita en el intestino, para disfrute de las bacterias que intentan zamparse a las dos moléculas juntas. Pero a las bacterias comer las dos moléculas de golpe se les hace bola. Tanto que, al zamparse la lactosa, producen ácidos orgánicos, agua... ¡y gas! **Estos gases, que en el fondo son «pedetes de bacteria», son los responsables del malestar digestivo en los intolerantes a la lactosa.** Si notas este tipo de molestias, tampoco andes con experimentos ni compres alimentos *sin* por si las moscas. Lo mejor que puedes hacer es pedir cita con tu médico para el diagnóstico oportuno.

¿ES COMÚN SER INTOLERANTE A LA LACTOSA?

La actividad de la lactasa es máxima cuando nacemos (nuestro cuerpo está preparado para alimentarse solo de leche en su primera etapa), pero disminuye a medida que nos vamos haciendo mayorcitos. Se calcula que en España hay un 35% de personas sanas con hipolactasia o baja actividad de la lactasa. Sí, es un porcentaje importante, pero recordemos que existe un 65% a los que «les funciona la lactasa». Es decir, **la mayoría de los españoles no son intolerantes a la lactosa[12].**

A pesar de que la EFSA prohíbe utilizar como *health claim* (reclamo sobre la salud) la reducción o eliminación de la lactosa, muchos consumidores perciben que estas leches son más saludables para todo perro pichi. Sea el perro pichi intolerante o no a la lactosa. Se me ocurre que, quizá, tal vez, el hecho de que en los envases de las leches sin lactosa aparezcan palabras como «ligera» o «fácil de digerir» contribuye un pelín a la causa[13].

¿? SABÍAS QUÉ...

A la leche sin lactosa no le «quitan» la lactosa sino que le añaden la enzima lactasa. ¿Por qué? Simplemente porque sale más barato. Estos son los ingredientes de una leche sin lactosa típica: leche entera, enzima lactasa, estabilizante (E-452), vitaminas A, D, E y ácido fólico.

LECHE SIN LACTOSA, ¿SÍ O NO?

SÍ Si eres intolerante a la lactosa, toma leche sin lactosa. Conviene saber que no todos los intolerantes son iguales. Algunos toleran ciertas cantidades de lactosa, especialmente en otros lácteos como los yogures o el queso, donde el porcentaje de lactosa es menor.

NO Si no eres intolerante a la lactosa, no ofrece ninguna ventaja tomar *sin*. Aunque es necesario investigar más sobre este tema, es posible que la enzima lactasa siga esa máxima de que «lo que no se usa, se atrofia» y disminuya su actividad si dejamos de consumir leche. Además, estarás pagando un sobreprecio por algo que no necesitas.

3. ¿MEJOR LECHE DE VACA O LECHE DE CABRA?

La leche de cabra solo representa un 3% del consumo total de leche en España, pero en el **mundo mundial** el 50% de las personas bebe este tipo de leche. ¿Cuál es la diferencia con la de vaca?

LECHE DE CABRA POR FUERA: llama la atención que la leche de cabra es más blanquita por la ausencia de caroteno, un pigmento precursor de la vitamina A que le da el color amarillento a la leche de vaca. ¡Que no sufra nadie! La leche de cabra tiene directamente la vitamina A en lugar de su precursor.

LECHE DE CABRA POR DENTRO: la composición de la leche de cabra es similar a la de la vaca con alguna diferencia curiosa. Tiene un menor porcentaje de lactosa, lo que puede hacer que sea mejor aceptada por personas con baja actividad de la lactasa. También tiene un buen perfil lipídico con mayor cantidad de ácidos grasos esenciales que la leche de vaca y, al ser menor el tamaño de los glóbulos lipídicos, mejora su digestibilidad.

LECHE DE CABRA, ¿SÍ O NO?

SÍ Si prefieres el sabor, crees que «te sienta mejor» y puedes pagar su precio (en España suele ser más cara), es una alternativa más.

NO Los alérgicos a las proteínas de leche de vaca (**APLV**) no deben echar las campanas al vuelo con la leche de cabra. Es cierto que esta, al igual que sucede en la leche materna, contiene menos caseína del tipo alfa 1, que es la responsable de la mayoría de las alergias a la leche de vaca, pero a pesar de ello **puede existir reactividad cruzada.** ¿Por qué? Porque las proteínas de la leche de cabra tienen una estructura y propiedades biológicas parecidas a las de la vaca, y son capaces de inducir reacciones alérgicas en la mayoría de los individuos con alergia a la leche de vaca. Incluso, aun siendo infrecuente, puede existir alergia a las proteínas de la leche de cabra sin existir APLV[14].

4. ¿MEJOR LECHE DE VACA O BEBIDAS VEGETALES?

Las bebidas vegetales se parecen a la leche de vaca como un huevo a una castaña. Empecemos llamándolas por su nombre. Son bebidas vegetales y no leches vegetales porque, según el Codex Alimentarius[15], solo podemos llamar «leche» a lo que sale de la ubre de un mamífero. La excepción es la leche de almendras, a la que sí se permite seguir llamándola «leche» por motivos históricos[16]. Me parece muy tierno que la legislación se ponga sentimental, pero con esta excepción sin fundamento se pierde la coherencia y se causa confusión en el consumidor.

Nutricionalmente, la soja, la almendra, la avena o el alpiste no tienen nada que ver con la leche de vaca, así que en ningún caso podemos decir que sean bebidas equivalentes.

PERO TIENEN VITAMINAS Y MINERALES... Sí, es cierto que se enriquecen con vitaminas y minerales para darles un barniz y asemejarlas a la leche de vaca; pero volvemos a lo que comentábamos en las leches enriquecidas: si tu intención es cubrir los requerimientos con una bebida vegetal enriquecida de forma artificial, sale más barato tomar un suplemento.

PERO LA SOJA TIENE TODOS LOS AMINOÁCIDOS ESENCIALES... Sí, es cierto también que la soja contiene todos los aminoácidos esenciales y que tiene una proteína completa como la de la leche de vaca, pero, si atendemos a su digestibilidad, las proteínas de la leche de vaca superan a las de la bebida de soja[17]. En cristiano: se absorben mejor. Resumiendo, las bebidas vegetales son un recurso más, pero no un equivalente a la leche.

¿TODAS LAS BEBIDAS VEGETALES SON IGUALES?

Dentro de las bebidas vegetales también hay grandes diferencias en cuanto a la cantidad y calidad de los protagonistas:

CANTIDAD: ¿Y si os digo que hay bebidas de almendras con solo un 2% de almendras? Con estas bebidas, cuando uno se bebe un vaso se lleva para el cuerpo la ridiculez de 4 gramos de almendra. El resto es agua, azúcar, emulgentes y aromas. Es decir, es como si machacáramos una almendra o dos y las pusiéramos en un vaso de agua con azúcar y otros aditivos... ¡y para adentro! En el siguiente caso vemos que hay más azúcar que almendra.

CASO PRÁCTICO

Ingredientes: agua, azúcar, **almendra (2%),** fosfato tricálcico, sal marina, estabilizantes (goma de garrofín, goma gellan), emulgente (lecitina de girasol), vitaminas (rivoflavina [B2], B12, E, D).

CALIDAD: Existen grandes diferencias en función de la calidad de la proteína. La de la soja es una proteína completa, con todos los aminoácidos esenciales. La del arroz o de la avena es deficitaria en lisina, un aminoácido esencial. Por tanto, la calidad proteica de la bebida de soja es mayor que la de otras bebidas vegetales.

BEBIDAS VEGETALES, ¿SÍ O NO?

SÍ Para personas veganas que por el hábito tradicional no quieran prescindir de la función «commodity» de la leche.

Para personas alérgicas a la proteína de la leche de vaca o intolerantes a la lactosa. Si eres intolerante a la lactosa te recomendaría empezar por las leches sin lactosa: el sabor es similar a la leche de vaca y nutricionalmente es una bebida más completa.

Para personas a las que les guste el sabor. Tiene que haber de todo en la viña del Señor.

NO Las personas que no tienen ningún tipo de alergia o intolerancia ni son veganas y sustituyen la leche por bebidas vegetales, pensando que son equivalentes, están pagando caro el agüita con un 2–14% de vegetales y a su vez perdiendo nutrientes interesantes de la leche.

RADIOGRAFÍA DE LA BEBIDA VEGETAL PERFECTA

1. Solo tiene dos ingredientes: agua y el cereal o legumbre de turno. Ejemplo, ingredientes: agua, avena (14%).
2. Tiene un porcentaje de cereales, legumbres, frutos secos o semillas superior al 10%. Las que tienen un 2% son «aguachirri».
3. No contiene azúcares añadidos. Ojo porque a veces en lugar de azúcar se le añade fructosa, que es prima hermana (véase página 204). Aunque no lleven azúcar añadido, lo normal es que incluyan sal o aromas varios.
4. Si buscas calidad proteica, recuerda que la de la bebida de soja es superior a la de la bebida de avena/almendras/arroz.

LA POLÉMICA. LA LECHE CRUDA

Cada cierto tiempo salta a los medios alguna noticia pontificando las bondades de la leche cruda. Aquí siete razones para mandar a freír pimientos esta moda sin sentido y no consumir leche cruda.

1. LA LECHE CRUDA NO ES LO MISMO QUE LA LECHE FRESCA

La leche cruda no ha sido sometida a ningún tratamiento térmico por encima de los 40 °C mientras que la leche fresca es la que ha sido pasteurizada. Esta última es la que encontramos en las neveras del súper y puede conservarse en frío durante 2-3 días. Sin embargo, la leche más común es la leche esterilizada o UHT, sometida a un tratamiento térmico superior a 100 °C. Así se eliminan esporas y todo tipo de microorganismos, de modo que esta leche puede estar fuera de la nevera y su vida útil es mayor.

2. LA LECHE CRUDA NO ES MEJOR DESDE EL PUNTO DE VISTA NUTRICIONAL

A este punto se agarran muchas corrientes «alternativas» aunque carece de evidencia científica. A pesar de que nos preocupa muchísimo que el calor destruya las vitaminas y minerales, está demostrado que el calor no deteriora significativamente la calidad de la leche.

3. NO EXISTE EL «RIESGO CERO» DE INFECCIÓN POR MICROORGANISMOS SI TOMAMOS LECHE CRUDA

Hay estudios científicos donde se observa que en la leche cruda puede haber microorganismos patógenos danzando. Así se confirma en el Informe del Comité Científico de la Agencia Española de Seguridad Alimentaria y Nutrición (AECOSAN) sobre los riesgos asociados al consumo de leche cruda[18].

«(...) el riesgo puede ser reducido, pero no eliminado por el uso extremado de prácticas higiénicas. La pasteurización es el único método eficaz que garantiza la eliminación y control de los microorganismos patógenos en este alimento y en sus derivados».

4. ¿CUÁLES SON LOS RIESGOS DE TOMAR LECHE CRUDA?

Los inquilinos favoritos de la leche cruda son *Salmonella spp., Campylobacter spp., Escherichia coli verotoxigénico, Yersinia enterocolitica y Listeria monocytogenes*[18]. Sus efectos pueden ir desde una simple diarrea hasta la muerte. Sí, la muerte. Por decirlo crudamente, como la leche.

5. NO SE DEBE CONSUMIR LECHE CRUDA SIN HERVIR

Las autoridades sanitarias recomiendan hervir la leche cruda. De hecho, el artículo 11 de un Decreto aprobado en julio de 2018[19] obliga a indicar en el etiquetado que hay que hervirla antes de usar y conservarla en la nevera. El problema es que no hay obligación de indicar en el etiquetado ni cómo hay que hervir ni cómo hay que mantener en la nevera. Y la cosa tiene más miga de lo que parece: la leche cruda debe conservarse entre 1 y 4 °C, pero resulta que nuestras neveras oscilan entre los 2 y los 8 °C. Y ahora cada cual que se apañe con su termostato... y su cazo. ¡Bienvenidos a 1970!

6. LA SOCIEDAD NO DEMANDA LECHE CRUDA

La sociedad vive tranquila y segura bebiendo leche UHT. No hay ninguna tendencia, ni ninguna moda, ni ninguna demanda. Es la industria la que intenta ampliar esta forma de venta; en mi opinión, de forma irresponsable. Porque si el riesgo aumenta, la seguridad del consumidor disminuye. Al parecer, ya no se nos ocurren más omega 3 que meter a la leche para vender y ahora la vendemos cruda. Será que menos es más. Lástima que el «antiprogreso» nos haga tanta gracia, sin darnos cuenta de que es una maniobra marketiniana más, como tantas otras.

7. NO TODOS TENEMOS EL MISMO RIESGO AL BEBER LECHE CRUDA

Las embarazadas, los niños y las personas mayores están expuestas a un riesgo mayor y en ningún caso deben consumir leche cruda. De hecho, la EFSA recomienda evitar en este tipo de población no solo la leche cruda, sino también los quesos y otros lácteos elaborados con leche sin pasteurizar.

QUE NO TE LA CUELEN. LECHES CON ZUMO

Alguien en *marketing* debió de pensar un día: «Si la leche es buena y el zumo es bueno… ¡mezclemos la leche con zumo y lo petaremos!». Y más o menos así fue, porque muchos padres siguen pensando que estos tetrabriks de «leche con zumo» son una opción divina para la merienda de sus criaturas.

CASO PRÁCTICO

LECHE CON ZUMO

Por cada 100 ml		
Valor energético	**21 kcal**	**(VRN)**
Grasas De las cuales saturadas	0 g 0 g	-
Hidratos de carbono De los cuales azúcares	4,8 g 4,8 g	-
Fibra alimentaria	0,5 g	-
Proteínas	0,3 g	-
Sal	0,03 g	-
Vitamina A	120 µg	15%
Vitamina E	1,8 mg	15%
Vitamina C	12 mg	15%

Ingredientes: agua, **leche desnatada (10%), zumo de frutas 7%** (piña y mango a partir de concentrado), azúcar, estabilizante (pectina), aroma, acidulante (ácido cítrico), vitaminas A, C y E, edulcorante (sucralosa) y colorante (E-160).

Análisis: al poner la lupa en la etiqueta de estas bebidas «presuntamente» elaboradas a base de leche y zumo, encontramos que tienen poco de leche y menos de zumo. Como vemos en este ejemplo, el ingrediente mayoritario es agua. Sí, agua. No digo yo que beber agua no sea muy saludable. Pero nutrientes, lo que se dice nutrientes, el agua aporta poquitos. Después del agua observamos que contiene un 10% de leche y un 7% de zumo. El cuarto ingrediente es azúcar añadido.

Como el tamaño de un envase de «leche con zumo» es de 200 ml, la conclusión es sorprendente: por cada tetrabrik tomamos unos 20 ml de leche y 14 ml de zumo. Insisto: solo 20 ml de leche y 14 ml de zumo. Por ejemplo, un niño tendría que tomarse unos 10 tetrabriks de esa «leche con zumo» para obtener la misma cantidad de calcio que con un simple vaso de leche.

De lo que sí van bien servidos estos productos es de ingredientes superfluos, como el azúcar. Un solo envase tiene cerca de 10 gramos de azúcar. La OMS y la Academia Americana del Corazón recomiendan no superar los 25 gramos diarios como cantidad óptima[20 Y 21]. ¿Seguimos pensando que es una opción divina para la merienda de las criaturas?

5 CLAVES DE LA LECHE

1. Relax: la leche que llega al supermercado no tiene antibióticos ni hormonas añadidas.
2. La mejor leche en relación *calidad nutricional/precio* es aquella cuyo ingrediente es simplemente «leche de vaca». ¡Más fácil imposible!
3. La leche sin lactosa, para los intolerantes a la lactosa.
4. La leche cruda no alimenta más que la leche UHT y además es un peligro.
5. Las bebidas vegetales no son leche y se parecen a la leche como un huevo a una castaña.

YOGUR

MUNDO YOGUR: ¿QUÉ HAY EN EL SUPERMERCADO?

Si «300 leches» nos parecían muchas en el buscador del supermercado *online*, en el apartado «yogur» aparecen casi 800 resultados. Y aquí es donde empieza el problema, porque no todo lo que viene en un envase de plástico cilíndrico con su tapita de aluminio se puede llamar yogur. Según la legislación, el yogur, para poder llamarse yogur, tiene que estar fermentado por *streptococcus thermophilus* y *lactobacillus bulgaricus*[22]. Si está fermentado por otras bacterias como los bífidus, no puede llamarse «yogur con bífidus», sino «leche fermentada con bífidus». Cuando tengas a mano uno de esos «yogures verdes», míralo bien por arriba y por abajo y verás que en ningún sitio pone «yogur».

Por si fuera poco, además del clásico yogur, yogur y de las leches fermentadas con bífidus, en el supermercado encontramos los 0%, los 0%0%, el yogur griego, el kéfir y un amplio abanico de productos «funcionales» que prometen liberarnos del colesterol, de la hipertensión y, por supuesto, «subirnos las defensas». Ante tal oferta la pregunta es, ¿con cuál me quedo?

RADIOGRAFÍA DEL YOGUR PERFECTO

1. LISTA DE INGREDIENTES: leche y fermentos lácticos. No se necesita más para elaborar un buen yogur. Algunos yogures también contienen leche en polvo o proteínas de la leche por motivos tecnológicos. En resumen, entre dos y cuatro ingredientes como máximo.
2. TABLA NUTRICIONAL: un buen yogur sigue la regla del 3-4-3. Esto significa que aproximadamente contiene un 3% grasa, 4% azúcares y 3% proteínas.

CASO PRÁCTICO

EJEMPLO DE YOGUR FETÉN

Por cada 100 g	
Valor energético	**58 kcal**
Grasas	2,9 g
De las cuales saturadas	1,8 g
Hidratos de carbono	4 g
De los cuales azúcares	4 g
Proteínas	3,2 g
Sal	0,13 g
Calcio	120 mg (15% *)

* Porcentaje sobre valores de ID de referencia.

Ingredientes: leche entera pasteurizada de vaca y fermentos lácticos.

Este sería el ejemplo más purista. Otro ejemplo más popular de ingredientes válidos sería:

Ingredientes: leche fresca pasteurizada, **leche** en polvo desnatada (0,6%) y fermentos lácticos.

PREGUNTAS QUE SIEMPRE QUISISTE HACER SOBRE EL YOGUR

1. ¿SON MEJORES LOS YOGURES 0% GRASA?

Los yogures 0% grasa suelen ser el gran truco del almendruco porque a menudo les añaden los «polvitos mágicos». O sea, azúcar. En el fondo los yogures tienen que estar buenos para que los sigamos comprando y algo tan sencillo como añadir azúcar puede mejorar el sabor de un yogur sin grasa. Pero, claro, deja de ser un producto saludable.

CASO PRÁCTICO

YOGUR 0% MG

	100 g		120 g	
Valor energético	**59 kcal**	**(VRN)**	**71 kcal**	**(VRN)**
Grasas	0,3 g	-	0,4 g	1%
De las cuales saturadas	0,2 g		0,2 g	1%
Hidratos de carbono	8,6 g	-	10,3 g	4%
De los cuales azúcares	7,9 g		9,4 g	10%
Proteínas	4,5 g	-	5,5 g	11%
Sal	0,13 g	-	0,15 g	3%
Calcio	115 mg	14%	138 mg	17%
Cloruro	100 mg	12%	120 mg	15%

Ingredientes: leche pasteurizada desnatada, agua, **leche** en polvo desnatada, proteínas de la **leche**, **nata** pasteurizada, fructosa, pulpas de fresa (0,6%) y piña (0,8%) concentradas rehidratadas, zumo concentrado rehidratado de naranja (0,7%), bifidobacterias y fermentos lácticos activos, edulcorantes (acesulfamo K y sucralosa), aromas, colorantes (caroteno y luteína) y concentrado de zanahoria negra.

Análisis: un yogur 0% grasa como el que vemos puede contener tranquilamente casi un 8% de azúcar, unos 10 gramos de azúcar por unidad. Recordemos que el máximo aconsejado son 25 gramos diarios. Al leer la lista de ingredientes no encontramos la palabra «azúcar» pero sí otro de los azúcares más utilizados como recurso: la fructosa.

YOGURES 0% GRASA, ¿SÍ O NO?

SÍ Si solo están compuestos de leche, fermentos lácticos y no llevan azúcar añadido ni edulcorantes, ni 500 ingredientes. Estos yogures existir, existen. Solo hay una pega: no suelen ser los más sencillos de encontrar.

NO Si llevan azúcar añadido o edulcorantes, mejor ceñirnos al 3-4-3. El «yogur blanco» de toda la vida.

2. ¿SON MEJORES LOS YOGURES 0%0%?

Los 0%0% no tienen grasa ni azúcares añadidos. ¿Aquí dónde está el truco? Al haber perdido toda la gracia y no llevar grasa ni azúcar, en este caso los polvitos mágicos son edulcorantes y aditivos para intentar que el yogur sepa a algo.

Los aditivos y los edulcorantes no son malísimos ni cancerígenos: son seguros. Eso sí, tampoco nos aportan nada. Es más, restan porque los edulcorantes sin calorías no son la panacea como se pensaba. Por un lado pueden alterar la microbiota (bacterias buenas)[23] y por otro pueden fomentar nuestra preferencia por el sabor dulce (véase página 218).

YOGURES 0%0%, ¿SÍ O NO?

En mi opinión, si contienen edulcorante y otros aditivos no son la mejor opción.

3. ¿SON MEJORES LOS YOGURES 0%0%0%?

Yogures triple cero. Sin grasa, sin azúcares y sin edulcorantes artificiales. Eso sí, algunos tienen un 7,5% de azúcares en lugar del 4%, que es el porcentaje natural. ¿Cómo es posible que estos yogures tengan más azúcar que uno natural si son 0% azúcar añadido? Porque llevan zumo y el zumo contiene azúcares libres. También pueden llevar perlas como almidón de tapioca y patata. ¡Lógico! Con algo hay que rellenar un producto que tiene tanto cero, ¿no?

YOGURES 0%0%0%, ¿SÍ O NO?

En mi opinión, un yogur con ingredientes poco interesantes nutricionalmente, como el almidón o los glucósidos de esteviol, no es la mejor elección.

4. ¿SON MEJORES LOS YOGURES CON FRUTA?

Los yogures con fruta pueden ser traicioneros. Si quieres yogur con fruta, mejor pónsela tú. «Ya, pero no sabe igual...». ¡Claro que no sabe igual! Y si no sabe igual, piensa por qué. Quizá, además de la fruta, los yogures lleven más «cositas».

CASO PRÁCTICO

YOGUR CON FRUTAS DEL BOSQUE

	100 g		125 g	
Valor energético	**94 kcal**	**(VRN)**	**117 kcal**	**(VRN)**
Grasas	3,3 g		4,1 g	6%
De las cuales saturadas	2 g	-	2,5 g	13%
Hidratos de carbono	11,7 g		14,6 g	5%
De los cuales azúcares	11,4 g	-	14,3 g	16%
Proteínas	3,5 g	-	4,4 g	9%
Sal	0,12 g	-	0,15 g	3%
Calcio	142 mg	18%	177 mg	22%
Cloruro	100 mg	12%	125 mg	15%

Ingredientes: leche pasteurizada, frutas 8% (fresas, casis, cerezas, frambuesas, arándanos y moras), azúcar, **leche** en polvo desnatada, **nata** pasteurizada, bifidobacterias y fermentos lácticos activos, zumo concentrado de zanahoria y saúco y aromas naturales.

Análisis: aunque estos yogures lleven imágenes de moras casi a tamaño real en el envase, en la etiqueta vemos que solo hay un 8% de fruta. Tenemos seis frutas diferentes: fresas, casis, cerezas, frambuesas, arándanos y moras a repartir en un 8% de fruta. Esto significa que, con suerte, tendremos un 1,3% de fresas o un 1,3% de cereza... ¡ni dos gramos de cada fruto rojo de media! No tiene sentido comer un yogur pensando que es saludable porque tiene moras cuando en realidad lo que lleva son unos 14 g de azúcar y poco más de un gramo de mora.

Otro recurso habitual en los yogures con fruta es añadir «zumo concentrado» como ingrediente. Al yogur le añaden zumo, y en el zumo va el azúcar libre, pero en la lista de ingredientes no aparece la palabra azúcar y por tanto pueden decir que no tiene azúcar añadido. •

YOGURES CON FRUTA, ¿SÍ O NO?

Definitivamente, elige un yogur natural y añádele tú la fruta.

5. ¿SON MEJORES LOS YOGURES GRIEGOS?

Según la receta tradicional griega, el yogur se elabora eliminando el suero después de la fermentación y así se consigue una textura más cremosa. El yogur griego «de verdad», comparado con un yogur normal, tiene más proteínas y más grasa. También tiene menos lactosa y calcio porque con el suero se puede perder parte de estos nutrientes.

Hablo de yogur griego «de verdad» porque somos tan chulos que hemos españolizado el yogur griego y no seguimos la receta tradicional. Básicamente le hemos añadido nata y proteínas a la leche para darle más consistencia y cremosidad. El perfil de un yogur griego españolizado sería 10-4-3 (10% grasa, 4% azúcar y 3% proteínas). Y para rizar el rizo, aunque el yogur griego en principio se caracteriza por un mayor porcentaje de grasa, tenemos el yogur griego 0% grasa. En este caso es mayor el contenido proteico.

CASO PRÁCTICO

YOGUR GRIEGO NATURAL

	100 g		110 g	
Valor energético	**123 kcal**	**(VRN)**	**135 kcal**	**(VRN)**
Grasas De las cuales saturadas	10 g 6,2 g	-	11 g 6,8 g	16% 34%
Hidratos de carbono De los cuales azúcares	3,9 g 3,9 g	-	4,3 g 4,3 g	2% 5%
Proteínas	3,6 g	-	4 g	8%
Sal	0,1 g	-	0,11 g	2%

Ingredientes: leche pasteurizada, **nata** pasteurizada, proteínas de **leche**, **leche** en polvo desnatada y fermentos lácticos.

YOGURES GRIEGOS, ¿SÍ O NO?

Un yogur que tiene un mayor porcentaje de grasa, de una grasa que no es la más saludable, no debería sustituir sistemáticamente a los yogures 3-4-3. Dicho esto, si la composición es simplemente «leche, nata, proteínas y fermentos lácticos», es una alternativa sabrosa que tendría cabida en la dieta de manera puntual.

6. ¿SON MEJORES LOS YOGURES CON BÍFIDUS?

Ya hemos comentado que los yogures con bífidus en realidad no pueden llamarse yogures porque están fermentados por bifidobacterias. Son leches fermentadas. Y aunque el nombre «bífidus» suene más molón, hasta la fecha no han demostrado ofrecer más beneficios que un yogur normal. La EFSA a día de hoy no les ha concedido a las bifidobacterias ninguna declaración nutricional. Ni para mejorar el tránsito, ni la flora, ni la fauna.

No, los yogures no tienen por qué ser más saludables por ser de color verde, ni por llevar pintado muesli en el envase.

YOGURES CON BÍFIDUS, ¿SÍ O NO?

Lo principal es mirar la tabla de ingredientes y comprobar que cumplen la regla del 3-4-3. O, en el caso de ser desnatados, del 0-4-3. Si es así, sean de color verde o azul, ¡adelante! Eso sí, sin atribuirles propiedades que aún están por demostrar.

7. ¿LOS YOGURES PUEDEN «BAJAR EL COLESTEROL»?

Al igual que la EFSA no ha concedido ciertas declaraciones nutricionales para los bífidus, sí que se han concedido algunas concretas para los fitoesteroles. Los fitoesteroles son moléculas con una estructura similar al colesterol. Compiten con los mecanismos de absorción, es decir, estorban la absorción del colesterol y así bloquean la cantidad de esta grasa que llega a la sangre. No es magia. No hay trampa ni cartón: los fitoesteroles estorban al colesterol. Y todos contentos.

El efecto beneficioso se obtiene con una ingesta diaria de 1,5 a 3 gramos de fitoesteroles y la legislación recoge específicamente en qué productos se pueden añadir y cómo deben reflejarse las declaraciones nutricionales en el envase[24].

¿PUEDO CONSEGUIR 3 GRAMOS DE FITOESTEROLES EN LA DIETA?

Los fitoesteroles también pueden obtenerse en frutas, verduras, legumbres, frutos secos, etc. Pero alcanzar 3 gramos diarios solo a través de los vegetales es casi misión imposible. En nuestra dieta habitual, se calcula que la ingesta diaria de fitoesteroles está en torno a 150-400 mg (similar a la cantidad que ingerimos de colesterol). En las dietas vegetarianas y en la dieta japonesa, donde el consumo de vegetales es mayor, se pueden alcanzar unos 300-500 mg/día, pero esta cifra sigue estando lejos de los 3 gramos diarios. Por lo tanto, para conseguir los beneficios de los fitoesteroles habría que «suplementarse».

¿TOMANDO MÁS DE 3 GRAMOS DIARIOS PODEMOS REDUCIR AÚN MÁS EL COLESTEROL?

No se ha demostrado que tomar más de 3 gramos diarios sea beneficioso para reducir el colesterol. De hecho, se aconseja no superar esta cantidad. Así que no tenemos que perder la cabeza por estos yogures.

YOGURES PARA BAJAR EL COLESTEROL, ¿SÍ O NO?

SÍ En el caso de que queramos reducir la absorción del colesterol siempre y cuando haya una justificación para ello y estemos dispuestos a pagar el precio.

NO No deben tomarlo por su cuenta y riesgo las personas que estén tomando medicación antihipercolesterolemiante. ¡Deben consultar a su médico! Es un error frecuente pensar que, además de la medicación, si tomamos yogures para «bajar el colesterol» será mejor por aquello de que «cuanto más, mejor». Tampoco deben tomarlos las embarazadas, mujeres lactantes y niños menores de cinco años.

QUE NO TE LA CUELEN. LO NATURAL NO ES MEJOR

El reclamo de lo «natural» siempre funciona. Y los yogures no son una excepción. Hay yogures 0% en cuyo envase se indica que contienen «vainilla de Madagascar» como cosa grande. Con esta información el consumidor puede entender que no los endulzan con azúcar ni con vainilla sintética sino con vainilla «de la buena», de Madagascar.

En mi opinión, no tiene sentido dar tanto bombo a la vainilla de Madagascar porque en el listado de ingredientes, por delante de la misma, y por tanto en mayor cantidad, podemos encontrar edulcorantes como acesulfamo K y sucralosa. Estos edulcorantes son sintéticos y no vienen de Madagascar, sino de la fábrica.

CASO PRÁCTICO

YOGUR CON VAINILLA DE MADAGASCAR

Ingredientes: leche pasteurizada desnatada, agua, leche en polvo desnatada, proteínas de la leche, nata pasteurizada, oligofructosa, jarabe de fructosa, bifidobacterias y fermentos lácticos activos, edulcorantes (acesulfamo K y sucralosa), aromas, vaina de vainilla en polvo (0,015%) y colorantes (carotenos y riboflavina).

¿Alguien se imagina que en ese envase, en lugar de «yogur 0% con vainilla de Madagascar», pusiera «yogur 0% con acesulfamo K»? No lo compraría nadie. Porque el acesulfamo K no suena tan bonito como la vainilla de Madagascar. Y, sin embargo, es un edulcorante que se encuentra en mayor cantidad.

5 CLAVES DEL YOGUR

1. El mejor yogur sigue la regla del 3–4–3 (3% grasa, 4% azúcar, 3% proteínas).

2. El mejor yogur es humilde y solo tiene dos ingredientes: leche y fermentos lácticos.

3. El mejor yogur con fruta no lleva fruta: se la pones tú en casa.

4. Los yogures desnatados pueden ser un coladero de azúcar. ¡El 0% es traicionero!

5. Las leches fermentadas con bífidus suenan divinas pero no está claro que sean mejores. De lo que no hay duda es de que son más caras.

QUESO

MUNDO QUESO: ¿QUÉ HAY EN EL SUPERMERCADO?

La vida con queso es mejor vida y prueba de ello son los más de 1.200 productos con la palabra «queso» que aparecen en el buscador *online* de un supermercado. ¿Cuántos de estos quesos son quesos de verdad? Es un topicazo, pero ¿cómo evitar que nos la den con queso?

Simplificando, podríamos dividir los quesos en tres grandes grupos: «queso, queso», «queso fundido» y «sucedáneo». Elige siempre «queso, queso» y al sucedáneo, mejor ni mirarlo.

RADIOGRAFÍA DEL QUESO PERFECTO

Como comentamos en el «segundo mandamiento» (véase página 15) **el queso, cuando es queso de verdad, no tiene obligación de llevar lista de ingredientes**. En caso de que lleve, esto es lo que debemos buscar:

INGREDIENTES: leche, cuajo, fermentos lácticos y sal (y la sal puede no estar presente).

Estos cuatro ingredientes son los que lleva un queso «de verdad». La leche será el primer ingrediente y es frecuente que sea mezcla de varios tipos. Por ejemplo, mezcla de leche de vaca, oveja y cabra indicando el porcentaje de cada una. Un amigo habitual en la lista de ingredientes es el cloruro cálcico[25], un aditivo que contribuye a la estabilidad de la cuajada.

INGREDIENTES: **leche** pasteurizada de oveja 40%, de vaca 40%, de cabra 20%, fermento, cuajo y sal.

TABLA NUTRICIONAL: el contenido de proteínas del queso es muy superior al de la leche o los yogures y oscila entre el 15 y el 40%. En cuanto al porcentaje de grasa, puede ser mayor o menor dependiendo del animal de procedencia (vaca, oveja, cabra, búfala, etc.) y del tipo de maduración (fresco, semicurado, curado, etc.). Aquí las posibilidades son infinitas.

PREGUNTAS QUE SIEMPRE QUISISTE HACER SOBRE EL QUESO

1. ¿QUÉ ES EL QUESO FUNDIDO?

Según el BOE el queso fundido es *el producto obtenido por la molturación, mezcla, fusión y emulsión, de una o más variedades de queso con o sin adición de leche, productos lácteos y otros productos alimenticios*. Traducido al cristiano, **el queso fundido es un queso al que se le añaden otros ingredientes que, entre otras cosas, permiten que se funda.** La clave en este caso son las sales fundentes o sales de fundido.

¿Cómo lo identifico? Al ser una categoría recogida en la legislación, si un queso reúne los requisitos para llamarse «queso fundido», en algún lugar del envase se podrán leer esas palabras mágicas: «queso fundido».

CASO PRÁCTICO

QUESO FUNDIDO

Ingredientes: quesos, agua, mantequilla, **leche** desnatada en polvo, almidón modificado, sales fundentes (E-331,E-339, E-450, E-452, E-341), lactosuero en polvo, proteínas de **leche**, gelificante (E-407), sal de cocina, espesante (E-415), conservante (E-202).

Análisis de la etiqueta: este queso, al igual que otros «quesos fundidos», es un producto ultraprocesado al que, además de las sales fundentes, se le añaden otros ingredientes poco interesantes desde el punto de vista nutricional. Por ejemplo el almidón, para evitar que se apelmace, o la mantequilla para mejorar el sabor y la cremosidad.

En el queso fundido suelen incluirse otros aditivos como gelificantes, espesantes o conservantes. Estos aditivos no son tóxicos ni malignos, son totalmente seguros en las cantidades añadidas pero tampoco nos aportan nada a nuestro cuerpo serrano.

QUESO FUNDIDO, ¿SÍ O NO?

Un queso al que se añade mantequilla o almidón no es la mejor opción. Si queremos un queso que funda, siempre podemos usar como recurso un queso, queso que funda bien en su forma natural, como la mozzarella, gorgonzola, gruyer o cheddar.

2. SI EN EL ENVASE APARECE EL NOMBRE DE ALGUNA VARIEDAD DE QUESO SEGUIDA DE LA PALABRA FUNDIDO, ¿ES QUESO FUNDIDO? POR EJEMPLO, EMMENTAL FUNDIDO, GOUDA FUNDIDO, CHEDDAR FUNDIDO, ETC.

Sí, en lugar de la palabra «queso» también sirve como denominación utilizar el nombre de alguna variedad. En este caso la variedad concreta debe representar al menos el 50% de las materias primas[26]. Por ejemplo, en un emmental fundido la mitad del queso debe ser emmental.

3. ¿QUÉ QUESOS PUEDEN TOMAR LAS EMBARAZADAS?

La listeria es una bacteria que no suele hacer de las suyas en los humanos, pero se ceba con las embarazadas. Y aquí no sirve «el truco» de congelar, la listeria es muy puñetera y resiste la congelación.

QUESO EN EL EMBARAZO, ¿SÍ O NO?

SÍ Si los quesos están hechos con leche pasteurizada, o con leche sin pasteurizar pero se han calentado por encima de 65° durante más de un minuto. Por ejemplo, una salsa de roquefort a la que vemos hervir o un queso que metemos en el horno.

NO No se deben tomar durante la gestación los quesos con leche sin pasteurizar. En principio son quesos sin pasteurizar el queso feta, camembert, *brie* o los que tienen «moho», como el roquefort. Digo «en principio» porque hoy muchas empresas producen el queso camembert o *brie* con leche pasteurizada. Salir de dudas es tan fácil como mirar el etiquetado. Si están fabricados con leche pasteurizada, lo pondrá. Si se compran «al corte», se debe preguntar.

4. ¿QUÉ DIFERENCIA HAY ENTRE EL QUESO FRESCO Y EL QUESO MADURADO?

El queso fresco está listo para comer al terminar el proceso de fabricación. El queso madurado es el que después se tiene que quedar tranquilito durante un tiempo, a una temperatura y a unas condiciones determinadas, para transformarse en una variedad concreta de queso madurado. Como resultado (además de evaporarse parte del agua) se van desarrollando los aromas y sabores típicos de estos quesos.

De forma totalmente objetiva, como conquense puedo afirmar que el queso semicurado manchego es el mejor. Aunque la autora del epílogo de este libro, Gemma del Caño, discrepe con virulencia.

5. ¿QUÉ DIFERENCIA HAY ENTRE UN QUESO SEMICURADO Y UNO CURADO?

Las diferencias dependen del tiempo que pase madurando el queso, teniendo en cuenta también su tamaño. **Un queso tierno solo requiere una maduración de siete días, mientras que un queso curado necesita entre mes y medio y tres meses y medio** dependiendo del tamaño[3].

LA POLÉMICA. LISTERIA EN QUESOS SIN PASTEURIZAR: ¿HAY RIESGO?

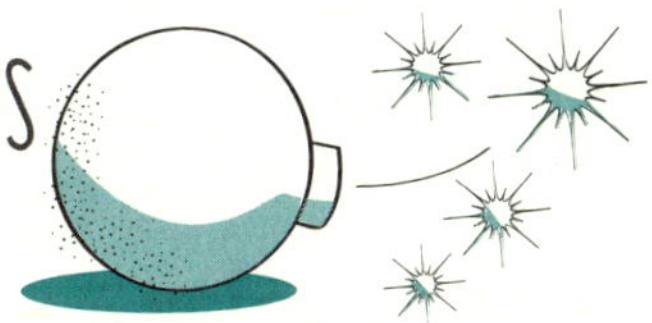

Unos crían la fama y otros cardan la lana. Aunque todos tenemos presente a la amiga *Salmonella*, **si hay una bacteria puñetera que causa dolor de cabeza a la industria alimentaria es *Listeria monocytogenes*.** Listeria tiene un *superpoder* que la distingue de otras: puede reproducirse como los conejos a bajas temperaturas (2-4 °C). También resiste a la sal y sobrevive tan pancha dentro del congelador.

Además de en los quesos —*donde ahora vamos a meter mano*—, Listeria campa a sus anchas en los fiambres y en las salchichas. También es «cliente habitual» de patés y pastas de carne ¡e incluso de frutas y verduras!

1. ¿POR QUÉ SE PERMITE LA VENTA DE QUESOS CON LECHE CRUDA?

La legislación asume que, en teoría, las bacterias desaparecerán durante la maduración del queso por varias razones: disminuye el pH (muy ácido para nuestra amiga Listeria), baja el porcentaje de agua disponible (vivir sin agua le complica la vida a cualquiera) e incluso aparecen «bacterias buenas» en la fermentación que compiten con Listeria y *no le dejan hueco*. A pesar ello, según las autoridades sanitarias, **se considera poco probable pero no descartable la supervivencia de patógenos en quesos madurados durante más de 60 días.** La seguridad dependería sobre todo de la higiene en las instalaciones y la calidad microbiológica de la leche de partida[27 y 28].

2. ¿QUÉ PROBABILIDAD HAY DE QUE LISTERIA ACABE EN MI PLATO?

Según informes de la Autoridad Europea de Seguridad Alimentaria (EFSA), **solo un 0,06% de las muestras de queso analizadas dieron positivo para listeria[29].** Aunque baja, la probabilidad existe. El mismo informe alerta de que la listeriosis ha aumentado en dos grupos de población vulnerables: **mayores de 75 años y mujeres embarazadas.** Si tienes más de 75 años o estás esperando a una criatura, ¡evita los quesos con leche cruda!

3. ¿QUÉ ME PUEDE OCURRIR SI CONSUMO UN QUESO CON LISTERIA?

La listeriosis no suele presentar síntomas o si se presentan son leves, durante unos días, como fiebre, resfriado, náuseas o diarrea. El problema se agrava en embarazadas, con una probabilidad 10 veces mayor de contraer listeriosis que otros adultos sanos. A medida que el embarazo avanza, hay mayor riesgo para la madre y el feto, que puede desarrollar graves problemas de salud, especialmente a nivel cerebral (meningitis por listeria)[30]

4. ¿QUÉ PODEMOS HACER PARA EVITAR LA LISTERIOSIS?

La FDA recomienda:

1. Mantener el frigorífico a unos 4 °C o menos.
2. Utilizar los alimentos refrigerados listos para consumir lo antes posible.
3. Limpiar el frigorífico con regularidad.

Desde el NHS añaden otro consejo importante para evitar listeriosis: ¡no consumir productos caducados o fuera de la fecha de consumo preferente aunque tengan buen aspecto![31].

QUE NO TE LA CUELEN. ¿QUÉ ES EL SUCEDÁNEO DE QUESO?

Sucedáneo de queso es todo aquello que queso parece, pero queso no es. Hay dos maneras de reconocerlo:

1. En la denominación del producto la palabra «queso» brilla por su ausencia. Quizá creas haberla leído porque en los envases aparecen descripciones grandes y hermosas donde pone «fundido» o «para gratinar». Pero ¡OJO! El sustantivo «queso» se omite. No pone «queso fundido» sino «fundido». No pone «queso para gratinar» sino «gratinar». No pone «queso rallado» sino «rallado». No pone queso, ¡porque no es queso!
2. Contiene grasas vegetales. En la lista de ingredientes de un sucedáneo sí puede aparecer la palabra «queso» junto a grasas

vegetales, como el aceite de palma. Se trata de un producto al que se añaden grasas poco saludables.

CASO PRÁCTICO

SUCEDÁNEO DE QUESO

Ingredientes: queso y sólidos lácteos, almidones modificados, **grasa de palma**, sal, corrector de acidez (E-331), conservador (E-202), aroma y colorante natural (E-160a).

SUCEDÁNEO, ¿SÍ O NO?

Definitivamente, no. Los quesos con grasas vegetales, como la de palma, no son la mejor elección.

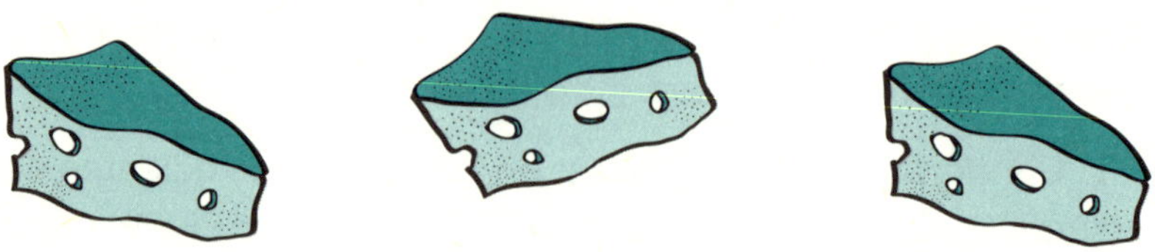

5 CLAVES DEL QUESO

1. Un buen queso solo necesita cuatro ingredientes: leche, cuajo, fermentos lácticos y sal.

2. Que no te la den, el queso fundido suele llevar almidón para rellenar y grasas feas como la mantequilla.

3. Pasa de los sucedáneos de queso: el aceite de palma suele ser artista invitado.

4. Si tienes más de 75 primaveras o esperas una criatura: ¡no comas quesos con leche cruda!

5. El mejor queso es el queso semicurado manchego. Palabrita de Boticaria. Y punto.

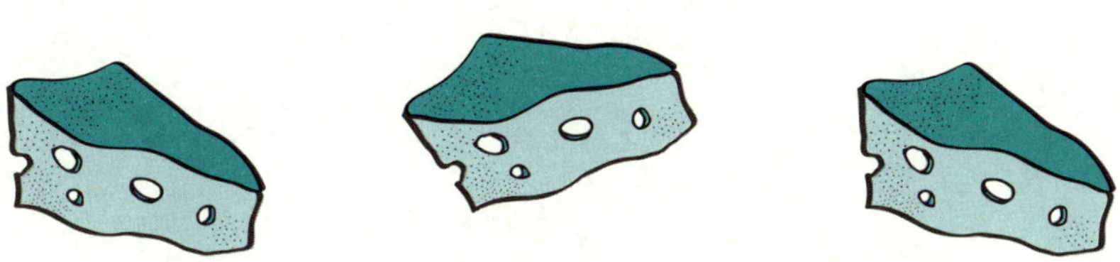

CEREALES

EL MITO DORADO

En cuestión de mitos los cereales no se quedan atrás. Si los lácteos eran «el mito blanco», los cereales son «el mito dorado». Mientras que, según los defensores de la vetusta pirámide alimentaria, los cereales deben seguir siendo la base de lo que comemos, **las guías alimentarias más actualizadas como el Plato Saludable de Harvard[32], la Pirámide Australiana[33] o la Pirámide Belga[34] coinciden en que comamos principalmente fruta y verdura.** Pero esto no es solo un problema de «cantidad» de cereales, sino de «calidad». En España la mayoría de los cereales que comemos no son integrales.

¿Qué son los cereales integrales? El grano de cereal contiene tres partes: salvado, endospermo y germen. El salvado es la cáscara que protege al grano, donde está la fibra. El germen es el lugar donde está el embrión y es la parte más concentrada en ácidos grasos (omega 3) y vitaminas. Es como si fuera la yema del huevo frito, donde está «la chicha». **Refinar el grano es quitarle el salvado y el germen y dejarlo solo con el endospermo, donde está el almidón, nada más.** Queda un pan blanquito y monísimo pero sin los nutrientes más interesantes. Al no haber fibra, el azúcar pasa más rápido a la sangre y aumenta el pico de insulina.

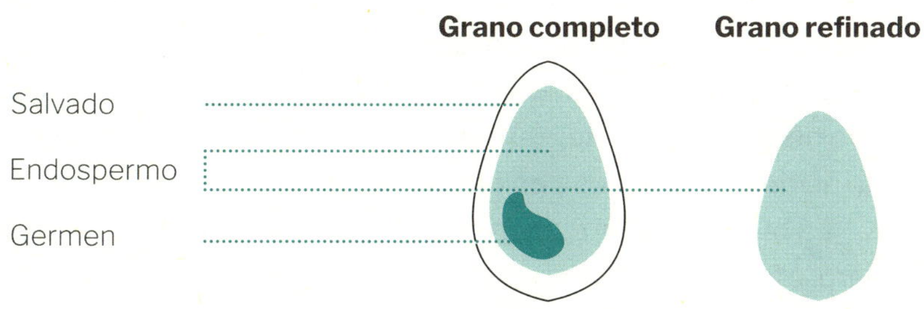

5 MITOS SOBRE LOS CEREALES

1. EL GLUTEN ES MALO

El vilipendiado gluten solo es una proteína que está en cereales como el trigo. **Para la mayoría de las personas comer gluten no supone ningún problema.** Sí lo es para las personas con celiaquía o con sensibilidad al gluten no celíaca. Se estima que hay un 1% de personas diagnosticadas con celiaquía aunque posiblemente existan muchas personas sin diagnosticar. **Las personas con celiaquía o sensibilidad al gluten no celíaca deben eliminar de por vida el gluten de la dieta.** Sí, de por vida.

2. EL PAN ENGORDA

Cada vez que alguien dice «Estoy a dieta, me he quitado el pan», un gatito muere de pena. Esta regla de oro solo obedece al deseo irracional de encontrar la llave mágica en la pérdida de peso. El problema no está en comer o no comer pan, sino en la cantidad y calidad del pan que se come, que debe ser integral. Según algunos estudios **las personas que, dentro de un patrón de comida de estilo mediterráneo, comen menos pan blanco, tienden a ganar menos peso y grasa abdominal[35].**

3. LOS CEREALES INTEGRALES ADELGAZAN

Haciendo un silogismo barato, alguna mente iluminada podría decir: «Si el pan blanco engorda... el pan integral adelgaza». Lo siento pero no. De hecho, el pan integral conserva el germen del cereal que contiene ácidos grasos y es posible que aporte más calorías.

La buena noticia es que, más allá de las calorías, la fibra del pan integral ofrece varias ventajas:

- Mayor poder saciante por su elevado contenido en fibra.
- Potenciales beneficios para la microbiota porque esta fibra es el «pasto» de las bacterias buenas.
- Ralentiza la absorción de azúcar. En el intestino la fibra soluble forma un gel viscoso que atrapa a parte de los ácidos grasos, colesterol y azúcares «estorbando» su absorción.

4. NO SE PUEDEN MEZCLAR CEREALES CON PROTEÍNAS PORQUE «ENGORDAN MÁS»

La famosa dieta disociada ha hecho mucho daño. Aunque nuestro organismo es maravilloso, a saber por qué, tendemos a infravalorar nuestras funciones fisiológicas. La realidad es que nuestro cuerpo es perfectamente capaz de digerir los hidratos de carbono y las proteínas a la vez sin que por ello «engordemos más». Hasta la fecha hay muy pocos estudios «serios» sobre esta cuestión y los que hay no son favorables a la dieta disociada[36].

5. ¿POR QUÉ ADELGAZAN ALGUNAS PERSONAS QUE SIGUEN LA DIETA DISOCIADA?

Sí, es cierto que algunas personas adelgazan al seguir la dieta disociada. Pero si pierden peso no es por la separación de macronutrientes, sino porque al controlar la dieta comen mejor o comen menos. No olvidemos que al separar hidratos de carbono de proteínas las comidas pueden ser menos apetecibles, menos sabrosas y no sería raro que acabáramos comiendo menos.

PAN

MUNDO PAN: ¿QUÉ HAY EN EL SUPERMERCADO?

Como en España comemos mucho pan (unos 34 kilos por persona al año), elegir un buen pan «de cabecera» es importante para una alimentación saludable. El problema es que elegir un buen pan hoy en día no es tarea fácil.

Tenemos pan de espelta, de kamut, de centeno, de avena, con semillas... Con el auge de las *boutiques* de pan y de la cultura *gourmet*-panadera, ahora nos fijamos más en las puntillas que en el manto. El pan-pan solo necesita cuatro ingredientes: harina de algún cereal, agua, levadura para que fermente y una pizca de sal. Repito: **harina, agua, levadura y sal.** El ingrediente que define al pan es la harina y todo lo demás son florituras que pueden enriquecerlo. Pero si la harina no es buena, si es blanca y no integral, todo lo demás no compensa.

RADIOGRAFÍA DEL PAN PERFECTO

LISTA DE INGREDIENTES: harina **integral** (de trigo, centeno, espelta...), agua, levadura y sal. La harina **integral** debe ser el primer ingrediente. Gracias al nuevo Real Decreto del pan que entra en vigor el 1 de julio de 2019* y sustituye al de 1984, si en el envase

* BOE (Boletín Oficial del Estado), «Real Decreto de 26 de abril por el que se aprueba la norma de calidad del pan», disponible en <https://www.boe.es/boe/dias/2019/05/11/pdfs/BOE-A-2019-6994.pdf>, 2019.

se indica que el pan es «integral» el 100% de la harina empleada debe ser integral.

TABLA NUTRICIONAL: el pan integral aporta unas 250 kcal/100 g. El porcentaje aproximado de grasa es 3%, de proteína 10-12% y de azúcares 4%.

PREGUNTAS QUE SIEMPRE QUISISTE HACER SOBRE EL PAN

1. ¿EL PAN INTEGRAL ES REALMENTE INTEGRAL?

La antigua legislación del pan (1984) permitía llamar «pan integral» a panes elaborados con poco o nada de harina integral. Un pan con harina refinada+salvado (el típico pan blanco con puntitos) podía llamarse «pan integral» generando confusión. Gracias al nuevo Real Decreto, en el pan denominado «integral» toda la harina será integral, con su salvado, su endospermo y su germen. Si solo contiene un porcentaje de dicha harina, deberá especificarse cuál es el porcentaje. Por ejemplo: pan elaborado con harina integral 20%.

2. ¿QUÉ DICE LA NUEVA LEY DEL PAN?

Además de la regulación señalada sobre la denominación «integral», otro aspecto relevante es que se amplía la definición de pan común (hasta ahora reservada al pan blanco) a panes elaborados con harinas integrales, con salvados o con bajo contenido en sal. Esto mejora nuestro bolsillo porque estos panes con IVA del 10% pasan a tener el IVA del 4% del pan común. Otros cambios son:

- Se limita la cantidad de sal que se puede emplear para elaborar el pan común.

- El pan «de centeno» deberá estar elaborado exclusivamente con harina de centeno.

- La mención «pan multicereal» implicará que el pan esté elaborado con tres o más harinas, cada una de las tres en una proporción mínima del 10%. Además, las harinas procedentes de cereales no podrán suponer menos del 30% de la mezcla total. Se acabó llamar «pan multicereal» a un pan de trigo con 0,1% de espelta y 0,05% de centeno.

- Se aumenta la regulación sobre la definición de masa madre, sobre la mención «artesana» (debe primar el factor humano sobre el mecánico) y la denominación «pan de leña» o «de horno de leña» (solo podrá usarse con planes cocidos íntegramente en un horno que utilice como combustible la leña).

3. ¿ES LO MISMO «FUENTE DE FIBRA» QUE «ALTO EN FIBRA»?

Como vimos en el cuarto mandamiento del etiquetado nutricional, «fuente de fibra» es una declaración nutricional que puede dar lugar a equívoco. Significa que el producto contiene 3 g de fibra por cada 100 g. «Alto en fibra» implica que contiene 6 g de fibra por cada 100 g.

CASO PRÁCTICO

LA TOSTADA CON FIBRA

¿Cuánta fibra tomamos con una tostada de pan «fuente de fibra»? Si el pan es «fuente de fibra» contiene unos 3 g de fibra por cada 100 g. **Teniendo en cuenta que una tostada pesa unos 25 g, esa tostada nos aporta menos de un gramo de fibra.** La ingesta diaria recomendada de fibra en la población española es de 30 gramos, así que no nos vengamos arriba pensando que la tostadita nos pone a tope de fibra.

PAN FUENTE DE FIBRA, ¿SÍ O NO?

Sí. Pero sabiendo que un pan «alto en fibra» puede contener el doble de fibra. Y, por supuesto, sabiendo que si no completamos la dieta con frutas y verduras tenemos muy crudo llegar a los 30 g diarios que marcan las recomendaciones.

4. ¿ES MEJOR EL PAN MULTICEREALES?

Unos cereales tienen más proteínas y otros más cantidad de algún mineral o de alguna vitamina en concreto. La variedad siempre es positiva, pero el pan solo será fetén si los «multicereales» son de harina integral. **Es mejor un pan de harina de trigo integral, corriente y moliente, que un pan de multicereales con harina refinada, por mucho centeno que lleve.**

PAN MULTICEREALES, ¿SÍ O NO?

Sí, si es integral.

5. PAN DE CENTENO VS. PAN DE TRIGO, ¿QUIÉN GANA?

El centeno es un chicarrón del norte que resiste mejor el frío mientras que el trigo es un cereal más friolero que encaja muy bien con el clima mediterráneo. Es una de las razones por las que en países nórdicos está muy extendido el pan de centeno. Además de por la facilidad de cultivo, aquí somos tradicionalmente de trigo porque:

1. El centeno tiene **menos gluten que el trigo,** y en el proceso de panificación el pan puede resultar menos esponjoso.

2. El pan de centeno tiene un **color** parduzco que a algunos les echa para atrás.

3. El pan de centeno tiene un **sabor amargo** que, pese a ser muy apreciado por algunas personas, resulta demasiado «fuerte» para otras que prefieren el sabor más dulce del pan blanco. Para matizar el sabor, en algunos países se añaden al pan de centeno algunas especias como la canela o se mezclan tipos de harina.

¿Nutricionalmente quién gana? **El pan de trigo tiene algo más de proteínas que el pan de centeno,** pero como en España de proteínas vamos sobrados, tampoco es algo que deba agobiarnos. En fibra van a la par. En cuanto a minerales y vitaminas, el centeno parece caballo ganador. **La harina de centeno contiene el doble de calcio, el doble de hierro, quintuplica la cantidad de vitamina E y también quintuplica folatos.** Pero ¡OJO! No nos alimentamos solo a base de pan, todos estos nutrientes también se consiguen con otros alimentos.

PAN CON CENTENO, ¿SÍ O NO?

Sí, si es integral. Aunque nutricionalmente no es significativamente mejor que el pan de trigo integral.

6. PAN DE ESPELTA VS. PAN DE TRIGO, ¿QUIÉN GANA?

El «trigo espelta» es un cereal antiguo que en 6000–5000 a. C. ya se cultivaba en Irán. La espelta estaba olvidada, entre otras cosas, porque el grano está protegido bajo una cascarilla muy dura y cuesta más obtener la harina. Pero el *boom* de los superalimentos ha rescatado a este cereal del olvido. Sobre la espelta se dicen muchas cosas... pero no todas son ciertas.

¿QUÉ ES CIERTO DE LA ESPELTA?

1. Da buen aroma y sabor al pan.
2. Necesita menos pesticidas porque esa cascarilla dura protege al grano de los bichitos de forma natural. Un regalito caído del cielo para la agricultura ecológica.

¿QUÉ NO ES CIERTO DE LA ESPELTA?

1. **Desde el punto de vista nutricional, la espelta no es significativamente superior.** Se alaba mucho a las proteínas de la espelta, pero suponen el 12,8% mientras que las del trigo común, el 12%. Si a alguien le gusta el pan de espelta y quiere pagar la diferencia en precio (que a veces se multiplica por cuatro), que lo haga, pero sabiendo que solo es una alternativa más.
2. **La harina de espelta no es un polvito mágico para hacer magdalenas saludables.** ¡Que nadie se engañe! La espelta se usa mucho en la repostería *healthy*, pero unas magdalenas de espelta siguen siendo magdalenas. La espelta solo es una prima hermana del trigo, la más antigua, pero no es el primo de Zumosol.

PAN DE ESPELTA, ¿SÍ O NO?

Sí, si es integral. Pero nutricionalmente no es diferencialmente mejor que el pan de trigo.

7. PAN DE TRIGO VS. PAN DE KAMUT, ¿QUIÉN GANA?

El kamut o khorasan es otro pariente del trigo. Nutricionalmente puede ser superior en proteínas, en grasas y en algunas vitaminas y minerales. Pero tampoco para volvernos locos. Ya hemos comentado que en España vamos sobrados de proteínas, pero no de kamut porque hay que importarlo principalmente de EE. UU. y Canadá.

PAN DE KAMUT, ¿SÍ O NO?

Como en los casos anteriores: quien quiera pagar la diferencia de precio porque le mole decir que come kamut, perfecto. También importamos quesos franceses o pasta italiana porque nos gustan. Pero no nos creamos el cuento de que es más saludable.

8. TRIGO VS. TRIGO SARRACENO, ¿QUIÉN GANA?

El trigo sarraceno (o alforfón) es un cachondo que juega al despiste. A pesar de su nombre, no es pariente del trigo. No es una gramínea y no pertenece al género Triticum como los anteriores (*Triticum vulgare* o *Triticum espelta*), sino al Fagopyrum.

El trigo sarraceno no es un cereal sino un pseudocereal, como la quinoa. Esto quiere decir que su composición nutricional está a caballo entre los cereales y las legumbres y, por tanto, tiene todos los aminoácidos esenciales. Tiene la lisina que le falta a los cereales y la metionina que le falta a las legumbres.

VENTAJAS DEL TRIGO SARRACENO:

- No tiene gluten (interesante para personas con celiaquía).

- Contiene todos los aminoácidos esenciales y su proteína es completa.
- Más allá del pan, puede resultar interesante para comer como grano entero, de manera similar a la quinoa.

INCONVENIENTES DEL TRIGO SARRACENO:

- El pan es más compacto y se puede perder el punto crujiente.
- Es más caro.

TRIGO SARRACENO, ¿SÍ O NO?

Sí, pero sabiendo que solo es otra alternativa sin un valor nutricional que justifique su consumo por encima de otros alimentos. No contiene ningún nutriente mágico. Nada que no podamos conseguir con alimentos de toda la vida.

9. ¿ES MEJOR EL PAN CON SEMILLAS?

El pan con semillas enriquece el pan con otros nutrientes y aporta matices de sabor. Pero a nivel nutricional lo más interesante sigue siendo la calidad de la harina. Es decir, la «chicha», no las cuatro semillas que lo acompañan. Además, es frecuente que, si consumes las semillas sin moler, parte de ellas se vayan por el retrete tal cual entraron.

PAN CON SEMILLAS, ¿SÍ O NO?

Sí, si es integral.

10. ¿ES MEJOR EL PAN DE MASA MADRE?

La masa madre es un iniciador para fermentar el pan que contiene bacterias ácido lácticas vivas (parientes de las del yogur) y levaduras. Son los fermentos que se han utilizado «toda la vida» para elaborar el pan. Cuando se empezó a producir el pan industrial (hace 150 años), se popularizaron las levaduras industriales porque, entre otras cosas, se vio que el pan fermentaba de manera más rápida que con la masa madre.

VENTAJAS DEL PAN CON MASA MADRE:

Al fermentar con masa madre, de manera más lenta y pausada, se desarrollan compuestos fenólicos que le dan al pan un aroma y sabor característico. Además de estas diferencias, puede haber varias ventajas nutricionales:

- En la fermentación lenta con masa madre se forma la enzima fitasa que rompe los fitatos que impiden la absorción de nutrientes. Esto puede favorecer la absorción de algunas vitaminas y minerales.

- En la fermentación con masa madre se produce una mayor degradación del gluten. Este pan puede ser más fácil de digerir para algunas personas **pero la masa madre no lo convierte en apto para celíacos.**

- Se reduce el índice glucémico del pan.

PAN DE MASA MADRE, ¿SÍ O NO?

Sí, sin olvidar que lo más importante es que el pan sea integral. Lo ideal sería un pan integral fermentado con masa madre.

11. ¿MEJOR PAN DE BARRA O PAN DE MOLDE?

Al pan de molde se le suelen añadir azúcares, grasa y otros aditivos para mejorar las condiciones de conservación. Si contiene estos ingredientes, se nos escapa de nuestra «radiografía del pan perfecto» (véase página 70).

PAN DE MOLDE, ¿SÍ O NO?

Si es integral (más del 70% de harina integral) puede ser un buen recurso para tener en casa. Pero recordemos: un pan sin grasas ni azúcares añadidos siempre es mejor opción.

12. ¿EL PAN SIN GLUTEN ES MÁS SALUDABLE?

La mención «sin gluten» no implica que un producto sea más saludable. Solo significa que contiene menos de 20 ppm (mg/kg) de gluten, algo necesario para las personas con celiaquía. Muchos productos sin gluten son ultraprocesados a los que se han añadido azúcares o grasas poco saludables para mejorar su textura o su sabor. En resumen: una magdalena sin gluten, con un 25% de azúcar y grasa de palma, sigue siendo un producto no saludable, aunque no lleve gluten.

¿CUÁL ES EL MEJOR ALIMENTO SIN GLUTEN?

Aunque parece que las personas con celiaquía o sensibilidad al gluten no celíaca están obligadas a consumir productos procesados sin gluten, en realidad los alimentos más saludables no llevan el logo «sin gluten». La mejor opción son los llamados «alimentos genéricos», como carnes, frutas, verduras, hortalizas, leche, huevos, etc., que no contienen gluten. De hecho, no está permitido etiquetar como «sin gluten» a productos que naturalmente no lo llevan (como zumos o leche) para evitar que se utilice como un reclamo de *marketing*.

¿QUÉ CEREALES TIENEN GLUTEN Y CUÁLES NO?

El maíz y el arroz no tienen gluten y son aptos para personas con celiaquía. Sí que tienen gluten el trigo, la cebada, el centeno, la espelta y el kamut. **El cereal de la discordia es la avena: puede tener gluten por contaminación cruzada con el gluten del trigo en los cultivos, la molienda y otras partes del procesado.** Por suerte para todos, existe avena con el sello sin gluten ELS que garantiza menos de 20 ppm de gluten en el producto.

GLUTEN Y ETIQUETADO: ¿CÓMO LO IDENTIFICO?

PRODUCTOS CON MENCIÓN «SIN GLUTEN»

Según el Reglamento Europeo (UE) Nº 828/2014, puede mencionarse que un producto es «sin gluten» si garantiza un contenido en gluten inferior a 20 ppm (mg/kg). Cada fabricante puede decidir con qué pictograma (simbolito) identifica a los productos «sin gluten».

La mejor opción es buscar la certificación del Sistema de Licencia Europeo ELS o «Espiga Barrada». Aunque es voluntario, es un sello de calidad que otorga mayor seguridad para productos sin gluten específicos y convencionales. Desde el 1 de enero de 2020 el sistema de identificación ELS será común a toda la Unión Europea.

¡IMPORTANTE! Si la espiga barrada no lleva un código alfanumérico debajo, no corresponde a la certificación ELS. ¡Rechaza imitaciones![37]

PRODUCTOS CON MENCIÓN «MUY BAJOS EN GLUTEN»

¡Importante no confundirlos con los «sin gluten»! Los productos «muy bajos en gluten» tienen menos de 100 ppm y no son recomendables para personas con celiaquía porque con ellos se corre el riesgo de superar la cantidad diaria considerada como segura.

PRODUCTOS CON MENCIÓN «PUEDE CONTENER TRAZAS DE GLUTEN»

El gluten de la harina es volátil y puede «flotar» en el ambiente. Cuando haya riesgo de contaminación cruzada, la empresa indicará que puede haber trazas de gluten. **Como se desconoce la cantidad exacta de las trazas, se recomienda que las personas con celiaquía eviten estos productos.**

LA POLÉMICA. EL PAN «DEL CHINO» ES EL DEMONIO

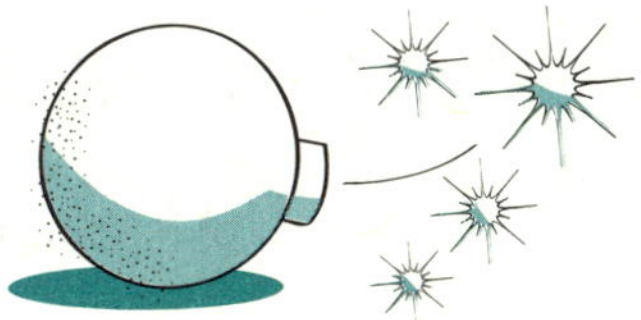

«A saber qué le meten para que esté tan blanquito». ¿Quién no ha escuchado esto sobre el pan «del chino» o de las gasolineras? En el BOE están recogidos todos los coadyuvantes que pueden usarse en el pan y en qué cantidades. Para empezar, **según la legislación vigente, está prohibido añadir colorantes en el pan.**

Otra cuestión son los famosos «mejorantes o mejoradores» del pan. Se añaden al pan precocido para favorecer las cualidades físicas, organolépticas y de conservación. Es decir, para que el pan tenga mejor textura o que «aguante» más. Son aditivos como emulgentes, antioxidantes, conservadores o correctores de la acidez. No aportan nada desde el punto de vista nutricional, pero no son tóxicos ni peligrosos. De hecho, uno de los más utilizados es el E-300 o ácido ascórbico, más conocido por todos como vitamina C.

PAN DE LA GASOLINERA, ¿SÍ O NO?

Dejando a un lado que el pan sea «un ladrillo» o no, su principal problema es que suelen estar elaborados con harinas refinadas. Mi consejo es que adquieras el pan en establecimientos de proximidad (¡vivan las panaderías de barrio!) o en supermercados que dispongan de panadería donde puedas preguntar a la persona que te atiende cuáles son los ingredientes del pan. En los bazares o gasolineras, ajenos a la elaboración del pan, es muy probable que si preguntamos por su composición nos miren como a un marciano.

QUE NO TE LA CUELEN.
PAN DE PUEBLO: ¿GARANTÍA DE CALIDAD?

De pueblo, rústico, de hogaza, 100% natural, etc. Todos estos reclamos aparecen en muchos envases del pan que encontramos en el supermercado. Cada vez que leo lo del «pan de pueblo» me imagino hordas de furgonetas saliendo cada día al amanecer de los pueblos más remotos de España, dispuestas a llevar su pan calentito a los señores de la capital. ¿Realmente alguien se traga que un pan envasado se parece en algo a un «pan de pueblo»?

Para salir de dudas, analicemos la etiqueta de uno de estos panes que lo tiene todo —en principio— para ser saludable. En el envase sugieren que es un pan de estilo rústico e indican que es 100% natural, con cereales y, por supuesto, de masa madre.

CASO PRÁCTICO

PAN ESTILO RÚSTICO

Ingredientes: harina de **trigo**, agua, masa madre de **trigo** (9%), harina de **centeno** (3,3%), semillas de linaza (3,2%), levadura y otros microorganismos naturales (L. brevis y P. shermanii), sal, semillas de lino amarillo (1,4%), semolina de **trigo** (1,2%), copos de **centeno** (1,1%), aceite de oliva refinado (1%), harina de maíz (0,9%), semillas de calabaza troceadas, fibra de **trigo**, copos de patatas, **espelta** troceada (0,7%), copos de **avena** (0,7%), gluten de **trigo**, harina de semillas de calabaza, germen de **trigo**, semillas de girasol (0,1%), alforfón troceado (0,1%), semillas de **sésamo** (0,1%).

Análisis de la etiqueta:

1. **Los cereales principales de este pan son la harina refinada de trigo y de centeno.** Es decir, lo más importante en el pan—nutricionalmente hablando— no es óptimo porque no es integral.
2. **Los porcentajes de la mayoría de los cereales y semillas son irrisorios.** Por ejemplo, el pan contiene 0,9% de harina de maíz, 0,7% de espelta, 0,7% de avena y... ¡0,1% de alforfón y semillas de sésamo! Si una tostada tiene unos 25 gramos, por cada tostada de este pan estarás tomando 0,025 gramos de alforfón y 0,025 gramos de semillas de sésamo. **Repito, 0,025 gramos de alforfón que es... prácticamente nada.** Eso sí, queda muy bonito poder poner en el envase que el pan lleva alforfón y sésamo.
3. El aceite de oliva es mejor opción que la grasa de palma que suelen llevar algunos tipos de pan de molde. Pero **este aceite de oliva es refinado y por tanto ha perdido en el**

refinamiento muchas de las propiedades antioxidantes que caracterizan al aceite de oliva.

Conclusión: que un pan se llame «de pueblo» o «rústico» no lo convierte en mejor opción. Son adjetivos que se utilizan como reclamo, pero no es necesario que se cumpla ningún requisito para poder llamarse así. **El pan «rústico» no tiene por qué estar fabricado siguiendo ningún protocolo tradicional ni el pan «de pueblo» tiene que haberse fabricado en un pueblo.**

Pero es más, en el caso de que así fuera, tampoco tienen por qué ser mejor opción: un pan de pueblo puede ser un pan poco saludable. Es posible que en función del tipo de cocción y del tipo de fermentos utilizados, un pan de pueblo esté más rico, pero si el primer ingrediente no es «harina integral», no será el pan más saludable. Se haya hecho en un polígono industrial de Alcorcón o en un obrador de la Aldea del Arce.

5 CLAVES SOBRE EL PAN

1. El primer ingrediente del pan debe ser harina integral. Repítelo como un mantra.
2. Comer pan de centeno, de espelta o de kamut suena muy molón pero nutricionalmente es similar a comer pan de trigo integral.
3. Masa madre no hay más que una, pero si la harina no es integral no merece la pena.
4. Saca la lupa en el pan multicereales: algunos llevan tanto alforfón como el peso de una mosca.
5. El gluten no es el anticristo —siempre y cuando no seas celíaco o tengas sensibilidad al gluten no celíaca.

GALLETAS

RADIOGRAFÍA DE LA GALLETA PERFECTA

La galleta perfecta es como el jamón de York, no existe. **Escribir «galleta perfecta» desde el punto de vista nutricional es un oxímoron** porque una galleta, para que sepa a galleta y parezca una galleta, estará compuesta principalmente de:

- Harinas refinadas.
- Grasas (en general poco saludables, como el aceite de palma).
- Azúcar.

Comparten ingredientes con los crucificados bollos, pero en un formato menos esponjoso. Si un producto contiene alguno de estos ingredientes (o los tres), no puede ser saludable. Y si se modifican los ingredientes como veremos a continuación, el resultado suele ser *zorromostros* alimentarios de dudosa calidad.

PREGUNTAS QUE SIEMPRE QUISISTE HACER SOBRE LAS GALLETAS

1. ¿LAS GALLETAS MARÍA SON BUENAS?

La duda es razonable porque hay algunas galletas María que incluso llevan la palabra «buena» en el envase. Pero insisto: no hay galleta industrial buena. Y cuando digo «no hay galleta buena» no me refiero únicamente a las galletas con chocolate o mantequilla. Me refiero también a las galletas «estándar», tipo María, que mucha gente tiene por saludables porque incluso forman parte del menú de los hospitales.

Comer galletas no es veneno. El problema es que son un básico para desayunos y meriendas en muchos hogares. Y por mucho cariño que les tengamos, por mucho que se llamen María como la Virgen, la calidad nutricional de sus ingredientes deja mucho que desear.

CASO PRÁCTICO

GALLETA MARÍA

Por cada 100 g	
Valor energético	**437 kcal**
Hidratos de carbono	76 g
Fibra alimentaria	2,1 g
Valor energético	1841 kj
Grasas	11 g
Proteínas	7,6 g
Saturadas	4,9 g
Azúcares	24 g
Sal	0,84 g
Vitamina C	12 mg

Ingredientes: harina de TRIGO 74%, azúcar, grasa de palma, jarabe de glucosa y fructosa, suero de LECHE en polvo, gasificantes (carbonato ácido de amonio, carbonato ácido de sodio), sal, emulgentes (lecitina de SOJA, lecitina de girasol), agente de tratamiento de la harina (METABISULFITO sódico), aroma.

Análisis de la etiqueta: en esta galleta María clásica, los tres ingredientes principales son harina refinada, azúcar y grasa de palma. El cuarto ingrediente es jarabe de glucosa y fructosa. Es decir, el cuarto ingrediente es otro azúcar y la cosa no mejora. El resultado es un producto con casi un 5% de grasas saturadas y un 25% de azúcares. **A partir de ahora piensa que, de cada cuatro galletas que te comes, una es azúcar.**

GALLETAS MARÍA, ¿SÍ O NO?

Las galletas María no son un producto saludable, por mucho que las den en los hospitales o por mucho que te las diera tu abuela cuando eras pequeño para mojar en leche. Es un producto poco interesante desde el punto de vista nutricional que debe considerarse de consumo puntual.

2. ¿LAS GALLETAS INTEGRALES SON SALUDABLES?

Cuando en la industria deciden mejorar la fórmula para convertir las galletas en «saludables», lo suelen hacer transformándolas en galletas «integrales». En teoría suenan más «saludables», pero ¿realmente son una buena opción?

CASO PRÁCTICO

GALLETA INTEGRAL

Ingredientes: harina integral de trigo 45%, aceite vegetal (girasol alto oleico) 17%, azúcar, fibra de guisante, harina de avena 5%, harina de centeno 5%, fibra vegetal 2,5%, **miel**, **jarabe de glucosa y fructosa**, gasificantes (carbonato ácido de sodio y carbonato ácido de amonio), sal.

Análisis de la etiqueta: veamos cómo se modifican los ingredientes punto por punto:

1. **Harinas refinadas:** las sustituyen por harina integral aunque a veces solo un porcentaje. En este caso hay un 45% de harina integral (ni siquiera la mitad del producto es integral). Después tenemos un 5% de harina de avena y un

5% de harina de centeno no integral. Un 5% de avena, en una galleta de 8 gramos, supone 0,4 gramos de avena. Más o menos lo que pesa un pequeño clip de metal.

2. **Grasas poco saludables:** las sustituyen por otras grasas más saludables, en este caso, por aceite de girasol alto oleico. Es cierto que es mejor opción que el aceite de palma o que otras grasas hidrogenadas, pero no es la mejor elección. El AOVE raramente se utiliza en la formulación de las galletas comerciales y no solo por la diferencia de sabor sino también por la de precio. Por otra parte, las galletas con AOVE se enrancian antes.

3. **Azúcar:** además de azúcar como tercer ingrediente, estas galletas han incluido otros primos hermanos, como la miel o el jarabe de glucosa y fructosa.

COMPARATIVA GALLETAS MARÍA VS. GALLETAS INTEGRALES

GALLETA MARÍA		GALLETA INTEGRAL	
Por cada 100 g		Por cada 100 g	
Valor energético	**437 kcal**	**Valor energético**	**453 kcal**
Grasas	11 g	Grasas	18 g
De las cuales saturadas	4,9 g	De las cuales saturadas	1,6 g
Hidratos de carbono	76 g	Hidratos de carbono	60 g
De los cuales azúcares	24 g	De los cuales azúcares	17 g
Fibra alimentaria	2,1 g	Fibra alimentaria	13 g
Proteínas	7,6 g	Proteínas	6,3 g
Sal	0,84 g	Sal	0,68 g

En cuestión de energía ambas galletas aportan prácticamente las mismas kcal, siendo algo más calóricas las integrales: 453 vs. 437 kcal/100 gramos.

Las grasas son superiores en las galletas integrales: 18% vs. 11%, aunque la grasa de las galletas integrales es de mejor calidad. Con respecto al azúcar, las galletas María tienen casi un 25% de azúcar y las integrales un 17%, que aun siendo menos sigue suponiendo un porcentaje elevado para una galleta supuestamente saludable.

GALLETAS INTEGRALES, ¿SÍ O NO?

En las galletas integrales como las que hemos analizado (estándar), menos de la mitad de la composición es harina integral. Contienen un 17% de azúcares y una grasa que no es la mejor opción. Nutricionalmente pueden ser más convenientes que una galleta María, con un 25% de azúcar y grasa de palma. Pero claro, cualquier cosa es mejor que un producto con un 25% de azúcar y grasa de palma. Que un producto sea «menos malo» no significa que sea saludable.

3. ¿LAS GALLETAS 0% AZÚCAR SON SALUDABLES?

Las galletas 0% suelen ser galletas integrales en las que se sustituyen los azúcares por polialcoholes. ¿Polialcoholes? ¿Eso qué es? Lo veremos en la página 209 pero mientras tanto conviene saber que son edulcorantes que aportan aproximadamente 2,4 kcal/gramo y que, a pesar de tener un índice glucémico muy muy bajo, no dejan indiferente a nuestro organismo: tienen efecto laxante si se consumen en exceso. **En las galletas o magdalenas 0% los edulcorantes pueden suponer en torno a un 25% de la composición.**

GALLETAS 0% AZÚCAR, ¿SÍ O NO?

Con las galletas 0% suele haber dos alternativas: o llevan polialcoholes/edulcorantes o no son integrales. Así que no, tampoco son una elección saludable.

QUE NO TE LA CUELEN. ¿LAS GALLETAS CON BETAGLUCANO BAJAN EL COLESTEROL?

Según la EFSA, el consumo de 3 gramos diarios de betaglucano puede ayudar a bajar el colesterol. La legislación permite que los envases de algunas galletas con betaglucano presuman de que 50 gramos de galletas aportan un tercio de la cantidad indicada para bajar el colesterol. Y ponen corazoncitos, que siempre queda mono.

¿50 gramos de galletas es mucho o poco? Son 6 galletas con un 20% de azúcar, que equivalen a meterle al cuerpo 240 kcal y más de 2 azucarillos. Con este aperitivo solo tendríamos un tercio del betaglucano y el resto, supuestamente, se conseguiría con la alimentación. ¿Qué pasaría si alguien decidiera conseguir los 3 gramos que marca la EFSA solo a partir de las galletas? Tendría que zamparse unas 18. Ni el monstruo de las galletas de betaglucano pensaría que

720 kcal y más de 6 azucarillos (30 g de azúcar) es una buena idea para bajar el colesterol.

CEREALES DE DESAYUNO

RADIOGRAFÍA DE LOS CEREALES DE DESAYUNO PERFECTOS

SI SOMOS PURISTAS lo ideal sería utilizar cereales con el mínimo procesamiento. El ejemplo típico son los copos de avena 100% que, como su nombre indica, solo son copos de avena, 100%. Pueden tomarse directamente o cociéndolos para hacer el clásico *porridge*. En español lo llamamos gachas, aunque suena menos *cool*.

SI SOMOS REALISTAS y buscamos un mensaje que llegue a toda la población, muchas personas consideran esta opción poco menos que comer alpiste. Como el gusto de cada cual es soberano (aunque, ojo, también puede educarse), podemos tirar de alternativas procesadas que siguen siendo decentes.

Ejemplo: dos cereales de desayuno «decentes».

- **Arroz integral hinchado 100%.** Si el producto es arroz integral hinchado 100%, estarás tomando arroz integral, 100%. Nada puede fallar.

- **Copos de maíz sin azúcar añadido o poco azúcar añadido.** Son los típicos cereales del «gallo». Algunos estudios indican que en el procesamiento pueden perder nutrientes. Aun así, el «gallo» es mejor opción que el resto del zoológico (monos, tigres o abejas).

EN RESUMEN: la clave está en que el porcentaje de cereal sea lo más alto posible. Si unos cereales tienen un 97% de maíz, en el producto queda poco espacio para la *porquería*.

MUESLI VS. GRANOLA, ¿CUÁL ES MEJOR OPCIÓN?

Iguales parecen pero muy diferentes son: el muesli es una mezcla de cereales, frutos secos y frutas desecadas en crudo. La granola puede llevar todo lo anterior con dos pequeños matices:

- Se tuesta.
- Se le añade miel, siropes u otros azúcares.

Seamos claros: **la granola es más parecida a las garrapiñadas de nuestros abuelos que a unos cereales de desayuno.** Los posibles beneficios de los cereales y frutos secos quedan enterrados bajo dos dedos de azúcar.

El muesli, **en principio**, es mejor opción... y digo **en principio** porque normalmente viene con sorpresa en forma de azúcar añadido. Aunque se llame «muesli» hay que revisar el etiquetado. La mayoría de los mueslis tienen en torno a un 20-30% de azúcar final en su composición.

CASO PRÁCTICO

GRANOLA

Ingredientes: copos de avena (51%), **jarabe de glucosa, azúcar**, copos de trigo integral (5%), aceite de girasol, cereales tostados (harina de arroz y trigo) 3,5%, **miel, melazas**, antioxidante (tocoferol).

Análisis: esta granola incluye en su composición un 20% de azúcar en forma de jarabe de glucosa, azúcar, miel y melazas.

No sería el mejor desayuno aunque en el envase aparezca una chica esbelta y un rótulo en inglés dando a entender que estos cereales son para deportistas.

RESUMIENDO: MUESLI Y GRANOLA, ¿SÍ O NO?

Si no llevan azúcar añadido (o muy poco), sí.

5 CLAVES DE LAS GALLETAS Y CEREALES DE DESAYUNO

1. Ponga lo que ponga en la etiqueta, no hay una buena galleta.
2. Las galletas integrales son un coladero de azúcares o edulcorantes.
3. Los mejores cereales tienen... muchos cereales. Búscalos con al menos un 97%.
4. Los copos de avena... ¡son la opción buena!
5. El muesli y la granola industriales suelen ser lobos con piel de cordero.

PASTA

RADIOGRAFÍA DE LA PASTA PERFECTA

Igual que ocurre con el pan, la pasta más saludable es aquella cuyo primer ingrediente es integral y conserva todas las partes del grano. En este caso, en lugar de «harina integral de...», las palabras mágicas que debemos buscar son «sémola integral de...» seguido del nombre del cereal. Lamentablemente, la legislación permite que en el envase aparezca en grande y hermoso tamaño la palabra «integral» aunque realmente la pasta no esté fabricada con sémola integral.

CASO PRÁCTICO

PASTA INTEGRAL VS. NO INTEGRAL

EJEMPLO DE PASTA QUE SÍ ES INTEGRAL:

Ingredientes: sémola integral de trigo duro. Puede contener trazas de huevo.

EJEMPLO DE PASTA QUE NO ES INTEGRAL:

Ingredientes: sémola de trigo duro y salvado de trigo. Puede contener trazas de huevo.

Tabla nutricional: la composición puede ser variable en función del tipo de cereal, pero como datos claves podemos quedarnos con que la pasta integral tiene aproximadamente un 12% de proteínas, un 3% de azúcares y un 8% de fibra.

PREGUNTAS QUE SIEMPRE QUISISTE HACER SOBRE LA PASTA

1. ¿LA PASTA FRESCA ES MÁS SALUDABLE QUE LA PASTA SECA?

La pasta fresca refrigerada que podemos encontrar en los supermercados suele estar compuesta de sémola de trigo a la que se añade huevo para conseguir la consistencia deseada. El problema es que encontrar pasta fresca integral en el supermercado es casi misión imposible. Tampoco nos volvamos locos. A pesar de su apreciado sabor, la pasta fresca no aporta ventajas desde el punto de vista nutricional sobre la pasta seca. Y además, es más cara.

PASTA FRESCA, ¿SÍ O NO?

La pasta fresca mola, pero no olvidemos que para consumo ordinario la mejor opción es la integral.

2. ¿LA PASTA FRESCA «RELLENA» ES SALUDABLE?

La pasta rellena es aquella que se encuentra fresquita en la nevera y que popularizó en nuestro país una marca de apellido batracio. Actualmente muchas marcas blancas también comercializan su propia pasta fresca rellena. Hay muchos tipos; son clásicas la rellena de carne, de *foie*, de boletus o de 537 quesos.

Estos productos están rodeados de cierto halo saludable porque sus envases mencionan que se han elaborado siguiendo el estilo «tradicional», «sin conservantes» o con huevos de gallinas camperas. ¿Qué hay de cierto en todo esto?

Existen distintos tipos de pasta rellena y aunque sería injusto meter a todas en el mismo saco, la mayoría son ultraprocesados prescindibles. ¿Por qué?

CASO PRÁCTICO

PASTA RELLENA DE BOLETUS

Ingredientes: relleno 55%: **requesón**, copos de patata (patata, emulgente [mono y diglicéridos de los ácidos grasos], estabilizante [pirofasfato ácido de sodio], antioxidantes [metabisulfito sódico, palmitato de ascorbilo]), **nata** ligera, suero de **leche** en polvo, setas 10% (mezcla en proporción variable de Boletus 7,2% [Boletus edulis, Boletus pinicola, Boletus aereus y Boletus reticulatus], champiñones), **queso** edam, aceite de girasol, cebolla, fibra de trigo, sal, aromas, perejil (0,2%). Pasta 45%: harina de **trigo**, **huevos** 20%, sémola de **trigo** duro, agua. Puede contener trazas de frutos de cáscara y pescado.

Análisis de la etiqueta: con tanto ingrediente es posible —y comprensible— que me haya equivocado al contar, pero he sumado 24 ingredientes diferentes (sin contar con las omnipresentes trazas). Lo analizamos por partes:

1. **El relleno:** supuestamente es de boletus aunque el primer ingrediente es requesón y el segundo es patata. Sí, patata. El almidón siempre da mucho juego para rellenar. Luego vemos nata... y ahí al fondo, justo antes del aceite de girasol y del queso edam, encontramos un 10% de setas (7,2% de boletus y el resto de champiñones).
2. **La pasta:** harina de trigo y sémola de trigo (ninguna es integral). Se trata de un batiburrillo de ingredientes, con

poco boletus y pasta que no es integral. Muchos de los demás ingredientes (patata, aceite de girasol) también serían prescindibles si elaborásemos este producto en casa.

3. ¿LA PASTA DE COLORINES LLEVA REALMENTE VERDURAS?

Hablemos de esas espirales/lacitos/coditos que vienen en envases donde pone específicamente «para ensalada». Llevan dibujados tomates y espinacas en un tamaño considerable. En principio, cualquiera pensaría que al menos un 30% de esas espirales son verdura. La realidad está en la letra pequeña, cuando vemos la composición.

EJEMPLO 1

En una marca popular y en una marca blanca de «pasta para ensalada» la lista de ingredientes es similar:

1. Pasta «verde»: sémola de trigo duro, espinacas deshidratadas (2,5%).
2. Pasta «roja»: sémola de trigo duro, tomate concentrado (5%).

Es decir: cada espiral de espinacas tiene un 2,5% de espinacas y cada espiral de tomate, un 5% de tomate.

En 60 gramos de ración de pasta (50% espirales verdes/50% espirales rojas) nos comeremos 0,75 gramos de espinacas y 1,5 gramos de tomate. Sí, aunque suene increíble, hablamos de 2,25 gramos de verduras en 60 gramos de ración.

¿Y el precio? Las espirales que aportan tres tristes gramos de verdura por ración cuestan un 33% más.

EJEMPLO 2

Marca «estilo *gourmet*» con nombre italiano. Esta lista de ingredientes es aún más divertida:

Sémola de trigo duro, tomate en polvo 0,7%, espinacas en polvo 0,5%.

En 60 gramos de ración de pasta nos comeremos 0,42 gramos de tomate y 0,30 gramos de espinacas.

¿Cuál es la diferencia de precio? La pasta italiana de supuestas verduras, con esa generosa y saludable (léase con ironía) cantidad de 0,72 gramos de verduras por ración, cuesta prácticamente el doble que la pasta italiana de la misma marca sin verduras.

PASTA DE COLORES, ¿SÍ O NO?

Si se trata de una pasta de estas características, pasando.

¿SABÍAS QUE...?

Las «pastas verdes» a base de harina de guisante o las «pastas rojas» con harina de lenteja sí son «pastas de colorines» saludables. Tienen en torno a un 3% de azúcares, 7-10% de fibra y 25% de proteínas (es decir, el doble de proteínas que una pasta integral). Nutricionalmente pueden ser una alternativa muy decente con un pequeño problema: el precio. Hoy en día la pasta de legumbres es un producto que aún no está muy popularizado y puede costar hasta seis veces más que una pasta integral normal.

ARROZ

RADIOGRAFÍA DEL ARROZ PERFECTO

En este caso es fácil: si en el envase pone «arroz integral», lo habitual es que el único ingrediente en la lista de ingredientes sea «arroz integral 100%». A no ser que quieras hacer una paella (todos sabemos que los valencianos se toman muy en serio la pureza de los ingredientes de este plato), la mejor opción será aquel arroz en cuya lista de ingredientes solo aparezcan las tres palabras mágicas: «arroz integral 100%».

PREGUNTAS QUE SIEMPRE QUISISTE HACER SOBRE EL ARROZ

1. ¿EL ARROZ TIENE ARSÉNICO?

Es cierto que...

- En suelos con una concentración elevada de arsénico, este mineral podría ser absorbido por algunas plantas, como el arroz.
- El arroz puede absorber arsénico en una concentración mayor que en otros cereales.
- El arsénico inorgánico ha sido clasificado como cancerígeno en humanos (cáncer de vejiga, pulmón y piel) y existe suficiente

evidencia científica de que puede provocar distintos efectos tóxicos, siendo el principal efecto por una exposición prolongada las lesiones en la piel.

PERO no debemos preocuparnos porque...

Por suerte, tenemos unos señores en Europa que se dedican a calcular cuánto arsénico es posible encontrar en el arroz y cuánto arroz arsénico somos capaces de comer al día[38]. Ojo, porque estos señores no solo calculan el arsénico que podemos comer a partir del arroz sino también a través de otros productos, como lácteos y cereales. Aunque estos tienen menos arsénico que el arroz, es posible que los consumamos en mayor cantidad, y todo suma.

En función de las investigaciones de estos señores, en la UE se han establecido límites máximos de arsénico en arroz y productos derivados de arroz en el Reglamento 1881/2006[39]. Es decir, la legislación nos protege y regula que con la cantidad de arsénico que lleva el arroz que compramos no vayamos a morir.

GRUPOS DE RIESGO PARA EL ARSÉNICO

Existen dos grupos de riesgo en los que hay que tener especial precaución: los bebés y las personas con celiaquía. Los bebés, porque su organismo es inmaduro y, si se les ofrecen de forma desproporcionada productos con elevada concentración de arsénico, pueden ser más susceptibles a su toxicidad. Las personas con celiaquía porque pueden aumentar su consumo de arroz al no poder tomar otros cereales con gluten. ¡Que no cunda el pánico! El consumo variado de distintos alimentos en la dieta es suficiente para estar a salvo.

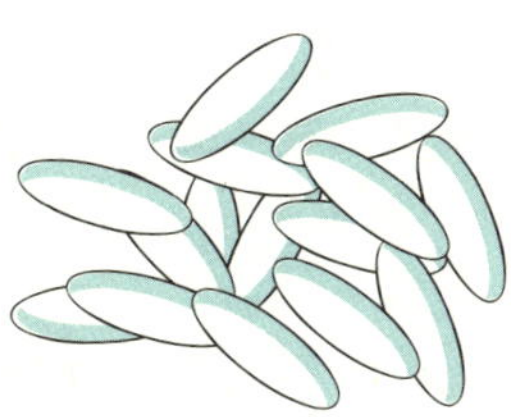

Aunque no es necesario porque el arroz que se vende en España es seguro, aquí van tres trucos para disminuir el arsénico inorgánico al cocinar el arroz:

1. Dejar el arroz en remojo la noche anterior (parte de este mineral pasa al agua).
2. Lavar el arroz hasta que el agua salga clara (se puede eliminar hasta el 28% del arsénico inorgánico)[40].
3. Cocer el arroz con más agua de la necesaria y retirarla (se puede eliminar en torno al 50% del arsénico inorgánico).

¿HAY ALGUNA VARIEDAD DE ARROZ CON MENOS ARSÉNICO INORGÁNICO?

Algunos estudios han mostrado que las variedades Basmati y Jasmine tienen concentraciones significativamente menores de arsénico inorgánico, pero esto no significa que tengamos que darles preferencia frente al resto dentro de una dieta variada[41].

RESUMIENDO, ¿ME PREOCUPO POR EL ARSÉNICO EN EL ARROZ?

No, pero si por algún motivo tu consumo de arroz es elevado, los tres trucos para disminuir el arsénico pueden ser una buena idea.

2. ¿EL ARROZ PRECOCINADO PARA MICROONDAS ES UNA BUENA OPCIÓN?

Hace años que se comercializa arroz en tarrinas listo para calentar al microondas. Con este tipo de productos siempre surgen recelos, pero lo cierto es que hay alternativas que, sin ser la mejor opción, sí pueden ser un recurso muy apañado.

CASO PRÁCTICO

ARROZ PRECOCINADO

Ingredientes: agua, arroz integral (arroz cocido 97%), aceite de girasol (1,8%), sal, lecitina de soja.

Análisis: el primer ingrediente es agua porque es un arroz que se ha cocido. Hasta aquí todo normal. El segundo ingrediente es arroz integral 97%. Únicamente hay un 1,8% de aceite de girasol. Sería mejor con AOVE pero no está mal.

ARROZ PRECOCINADO PARA MICROONDAS, ¿SÍ O NO?

Aunque el aceite de girasol no es la grasa preferente, teniendo en cuenta que solo supone un 1,8%, estas tarrinas de arroz sí pueden ser un buen recurso «para unas prisas». ¡Importante! Fijémonos en que las tarrinas son de arroz o de cereales integrales, porque no todas lo son.

3. ¿LAS TORTITAS DE ARROZ SON SALUDABLES?

Hay tortitas de arroz que son saludables y otras que son una verdadera porquería. Y no sufran ustedes porque diferenciarlas es muy sencillo. ¡Ojo! Se desaconseja su consumo en niños menores de 6 años.

1. TORTITAS QUE SÍ: son las más básicas, que solo tienen un ingrediente o dos.

- Lista de ingredientes: arroz integral 100%.

Si a alguien lo del arroz integral a palo seco se le hace bola y quiere un poco más de alegría, también sería una opción aceptable esta:

- Lista de ingredientes: arroz integral (99%) y sal.

Así de fácil. Ni menos ni más. Y sí, existir existen y son sencillas de encontrar.

2. TORTITAS QUE NO: son las que tienen ingredientes como glutamato monosódico (potenciador de sabor), azúcar, aromas varios, maltodextrinas, aceites, etc. Son las más historiadas, con sabores fantásticos a queso, a jamón, a setas o a lo que surja. También son un NO todas las que tienen cobertura de chocolate. No porque tenga nada en contra del chocolate, sino porque el de estas tortitas suele ser de mala calidad.

QUE NO TE LA CUELEN. TORTITAS MULTICEREALES

CASO PRÁCTICO

TORTITAS MULTICEREALES

Ingredientes: cereales (71%) (arroz integral [77%], arroz [21%], **trigo sarraceno** [1%], maíz partido [1%]), humectante: **jarabe de sorbitol**, semillas (9%) (semilla de lino [35%], pipas de calabaza [35%], semilla de chía [30%]), **quinoa** (1%), sal.

Análisis: en este ejemplo de tortitas multicereales a simple vista nos llama la atención el jarabe de sorbitol. Está situado delante de las semillas, cuyo porcentaje es el 9%. Por tanto, ya sabemos que en el producto hay más de un 9% de jarabe de sorbitol. Y más jarabe que semillas. Entre los «multicereales» figura un 1% de quinoa y un 1% de trigo sarraceno. Si una tortita pesa aproximadamente 8 gramos, tenemos la friolera de 0,08 gramos de quinoa o de trigo sarraceno por tortita.

¿Y el precio? Las tortitas multicereales con 0,08 gramos de quinoa por tortita cuestan el doble que las tortitas integrales que mencionábamos como mejor opción.

5 CLAVES SOBRE LA PASTA Y EL ARROZ

1. La pasta perfecta es la que tiene sémola integral como ingrediente. ¡Sin más!
2. La pasta para ensalada tiene de verdura lo que yo de estrella de *rock*.
3. La pasta rellena tradicional lleva, tradicionalmente, un chorro de ingredientes no saludables.
4. El arroz perfecto es el arroz 100% integral. Pero no hace falta que se lo pongas a la paella.
5. Si eres un vago redomado, las tarrinas de arroz integral listas para calentar no están tan mal.

LEGUMBRES Y PSEUDOCEREALES

Muchos de los problemas nutricionales e incluso medioambientales* se solucionarían sustituyendo parte del consumo de carne y pescado por el de legumbres. Por no hablar del tema económico, pocos alimentos más completos y más baratos que un plato de lentejas. En los años 60 el consumo de legumbres en España era de 41 g/persona y día, pero en 2015 el consumo había caído a 10,6 g/persona y día. A lo largo de este capítulo haré una defensa apasionada de las legumbres porque urge darle la vuelta a esta cifra.

5 VENTAJAS PARA EL CUERPO Y EL ALMA DE AUMENTAR EL CONSUMO DE LEGUMBRES:

1. Son una buena fuente de proteínas. Tienen aproximadamente el doble que el trigo y tres veces más que el arroz.
2. Consumiendo legumbres reducimos la cantidad que comemos de otras proteínas con grasas menos saludables, como la carne o fiambres. A cambio, las legumbres se acompañan de fibra, vitaminas y minerales.
3. Tanto en crudo como en conserva, tienen una larga caducidad. Es decir, son un buen «fondo de armario».

* El cultivo de legumbres por sí mismo contribuye a la sostenibilidad y a mitigar el cambio climático. Por un lado, las legumbres fijan el nitrógeno al suelo donde se cultivan. Por otro, a diferencia de carnes y pescados, una vez recolectadas las legumbres, no necesitan procesado ni refrigeración para su conservación, por lo que disminuye el consumo de recursos naturales.

4. En conserva son comida rápida, pero de la buena. Con un bote de garbanzos cualquiera es capaz de preparar la cena en diez minutos.

5. Son muy baratas y aumentando su consumo se puede reducir el coste del carro de la compra.

4 MITOS SOBRE LAS LEGUMBRES

1. SI COMO LEGUMBRES ME FALTARÁN PROTEÍNAS

Las legumbres tienen un 19-36% de proteínas. Con respecto a la calidad, la soja, los garbanzos o algunos tipos de alubias tienen la proteína completa. Es cierto que otras legumbres, al igual que los cereales, no tienen todos los aminoácidos esenciales o tienen déficit de algunos. Pero combinándolas en el día con cerales, semillas o frutos secos se obtiene la proteína completa. En general, a los cereales les falta lisina y a las legumbres, metionina. Como las legumbres tienen lisina y los cereales metionina, cuando se unen saltan chispas y surge el amor.

2. PARA OBTENER LA PROTEÍNA COMPLETA DEBO COMER LEGUMBRES CON CEREALES EN LA MISMA COMIDA

Una vez superado el primer mito nos encontramos con el segundo. Podemos comer lentejas y cenar arroz, que nuestro cuerpo ya se encargará de hacer las presentaciones nupciales, porque dispone de un *pool* constante de aminoácidos y no necesita que le suministremos a la vez los aminoácidos esenciales de los cereales y las legumbres.

3. PARA COMER LEGUMBRES HAY QUE COCINAR

Hay quien entiende por «cocinar» el hecho de emplear al menos un par de horas mirando cómo hace chup chup el puchero. Y es cierto que con las legumbres se pueden hacer pucheros buenísimos. Pero no es necesario.

Las legumbres, especialmente las legumbres en conserva, son muy socorridas. Las ensaladas de legumbres o los hummus de legumbres son ejemplos de «volcar y listo» o «triturar y listo». Pinterest es una fuente maravillosa de ideas.

4. LAS LEGUMBRES ENGORDAN

Las legumbres aportan unas 300-350 kcal/100 g, una cifra no muy distinta a la de los cereales. Pero más allá de contar las kcal de cada alimento, hay que valorar qué nos ofrecen esas kcal. Las lentejas tienen un buen perfil nutricional y aportan proteínas, fibra y micronutrientes (destaca su contenido en calcio, magnesio, potasio, fósforo, zinc y hierro).

¿Tienen grasa las lentejas? En torno al 3%, principalmente grasas poliinsaturadas y monoinsaturadas. Un porcentaje bajo en comparación con el resto de macronutrientes. Y como cualquier otro alimento de origen vegetal, las legumbres no tienen colesterol. Lo que tiene colesterol es el chorizo que acompaña a las lentejas.

MUNDO LEGUMBRE: ¿QUÉ HAY EN EL SUPERMERCADO?

Pensar en legumbres es pensar en las clásicas lentejas, judías y garbanzos que tradicionalmente se han comercializado en crudo o en conserva. «¡Qué pereza!» —pensarán algunos—. Pero las legumbres también están en otros formatos más novedosos, como el hummus, el edamame, los brotes de soja germinados, la soja texturizada, el tofu, el tempeh, Heura, etc.

Por otro lado tenemos los pseudocereales, que como comentamos en la página 76 son una especie de híbrido entre las legumbres y los cereales. Una de sus ventajas es que tienen todos los aminoácidos esenciales, incluyendo la lisina y la metionina. Además del trigo sarraceno en sus múltiples versiones, también tenemos la quinoa, la quinoa hinchada para desayuno, la quinoa en vasitos para microondas... ¡las posibilidades son infinitas! El que no come legumbres o pseudocereales es porque no quiere.

LEGUMBRES CON DOP E IGP

A todos nos suena muy bien leer DOP e IGP en la etiqueta de un producto. Lo identificamos con un producto de calidad y con un valor añadido; pero ¿sabemos lo que significa? Las DOP e IGP son certificaciones, una especie de «medallita» para los productos que se lo han ganado cumpliendo unos requisitos relacionados con su origen. Los requisitos quedan recogidos en la legislación[42 y 43]. Así se protege a estos productos de «los malos» que pretenden sumarse al carro de la fama de los alimentos de un lugar concreto. Es decir: si uno cultiva judías en Cuenca no podrá poner en el envase que son judías del Barco de Ávila.

Dicho esto, que unas legumbres tengan DOP o IGP no implica necesariamente que tengan un mayor valor nutricional. El perfil nutricional (proteínas, hidratos de carbono, grasas, vitaminas y minerales) de unas legumbres sin pedigrí también puede ser estupendo.

DIFERENCIA ENTRE INDICACIÓN GEOGRÁFICA PROTEGIDA Y DENOMINACIÓN DE ORIGEN PROTEGIDA

La diferencia entre DOP e IGP es sencilla. En los productos DOP se garantiza que tanto el origen del producto de una zona concreta como todas las etapas del proceso del alimento se desarrollan en una zona geográfica concreta. En los productos IGP se garantiza cuál es el origen del producto, pero algunas partes del proceso pueden realizarse en otras zonas geográficas distintas a la del origen del producto. La certificación DOP es más restrictiva y por este motivo en las legumbres solo hay una (la DOP Mongeta del Ganxet) mientras que de IGP tenemos siete[44].

Legumbres
DENOMINACIÓN DE ORIGEN PROTEGIDA (D. O. P.)
D. O. P. Mongeta del Ganxet (B7)
INDICACIÓN GEOGRÁFICA PROTEGIDA (I. G. P.)
I. G. P. Alubia de La Bañeza-León (A4)
I. G. P. Faba Asturiana (A4)
I. G. P. Faba de Lourenzá (A3)
I. G. P. Garbanzo de Fuentesauco (B4)
I. G. P. Judías del Barco de Ávila (C4)
I. G. P. Lenteja de La Armuña (B4)
I. G. P. Lenteja Pardina de Tierra de Campos (B4)

Los frikis de las DOP y las IGP (que de todo hay en la viña del Señor) pueden disfrutar un buen rato en esta web del Ministerio de Agricultura con sus mapitas y sus cosas[45].

RADIOGRAFÍA DE LA LEGUMBRE PERFECTA

1. LEGUMBRES EN CRUDO

En principio podríamos pensar que con las legumbres en crudo no hay mucha «etiqueta que cortar», ya que solo tienen un ingrediente. Pero con la lupa en la mano podemos diferenciar algunos tipos.

CATEGORÍA DE LAS LEGUMBRES

Tenemos tres categorías diferentes de legumbres (extra, primera y segunda) en función del porcentaje permitido de «materias extrañas» o granos defectuosos. Las legumbres de mayor calidad son las de categoría extra[46].

ORIGEN DE LAS LEGUMBRES

España es, dentro de la UE, el primer productor de garbanzo y lenteja. También es el primer consumidor y el primer abastecedor de estas legumbres al resto de la UE. Sin embargo, quizá por el bajo precio de las que vienen de Asia o América, el cultivo de legumbres en España ha disminuido. ¡Es importante incentivarlo![47]

¿CÓMO SÉ QUE LAS LEGUMBRES SON ESPAÑOLAS?

Conviene no confundir el lugar de origen con el lugar de envasado. Una quinoa de Perú se puede envasar perfectamente en Cuenca y que en el envase aparezca Cuenca y no Perú. La legislación no obliga a declarar el país de origen de las legumbres excepto en el caso de que al no declararlo se pueda inducir a error al consumidor[48].

Aunque no es una regla oficial, suele funcionar aquello de que «el que calla otorga». Es decir, si en el envase no se menciona que las legumbres son españolas es porque probablemente no lo sean.

2. LEGUMBRES EN CONSERVA

Dentro de la defensa apasionada de las legumbres en este capítulo, quiero hacer una defensa ultraapasionada de las legumbres «de bote». ¿Por qué? Porque realmente son «comida rápida». ¿Son más caras? Aunque las legumbres cocidas suelen tener un precio superior a las lentejas en crudo, hay opciones con precio muy similar y en cualquier caso siguen siendo asequibles.

CASO PRÁCTICO

LENTEJAS COCIDAS

Ingredientes: lentejas, agua, sal, antioxidante (EDTA y ácido ascórbico).

Análisis: estas lentejas tienen un 0,39% de sal, pero es aceptable (con no añadir sal después, vale). Siempre debemos buscar la menor cantidad de sal posible, como máximo un 1%.

En los ingredientes vemos dos aditivos antioxidantes. Uno es el ácido ascórbico (vitamina C) y otro es el EDTA, un secuestrante del que hablaremos más adelante en el apartado «La polémica». Ambos aditivos son seguros y se añaden para evitar que el producto se oscurezca, porque unas lentejas parduzcas no las compraría ni el tato. En resumen: estas lentejas «de bote» serían una buena opción.

PREGUNTAS QUE SIEMPRE QUISISTE HACER SOBRE LAS LEGUMBRES Y LOS PSEUDOCEREALES

1. ¿HAY QUE TIRAR EL CALDO DE LAS LEGUMBRES DE BOTE?

Todos los aditivos que están en el «caldillo» de las legumbres cocidas son seguros y no es necesario escurrirlas. El caldillo de las legumbres, por cierto, se llama «líquido de gobierno», que es un nombre mucho más respetable.

VENTAJAS DE TIRAR EL CALDO:

- Si buscamos reducir el consumo de sodio, al lavar las legumbres también estamos retirando gran parte de la sal.

- Por la tensión superficial del agua sobre la lenteja se forma una espumilla muy poco apetecible y por cuestiones organolépticas puede ser interesante retirarla. Vamos, que da cierto repelús y comer con asco no es cosa buena.

INCONVENIENTES DE TIRAR EL CALDO:

- Muchas veces (aunque no siempre) las legumbres se han cocido en el propio bote donde se presentan. Al eliminar el caldillo, quiero decir, el líquido de gobierno, podemos perder parte de los micronutrientes que pasan al líquido en la cocción. Que nadie se agobie porque no nos vamos a desnutrir por los micronutrientes que se vayan por el desagüe.

En resumen: **con el caldillo pasa como con las lentejas, si quieres lo comes y si no, lo dejas.**

2. ¿LAS LEGUMBRES TIENEN ANTINUTRIENTES?

SÍ, ES CIERTO QUE LAS LEGUMBRES TIENEN ANTINUTRIENTES PORQUE...

Son resultado de una adaptación evolutiva: las legumbres han desarrollado mecanismos para defenderse y poder sobrevivir. El problema es que a los humanos estos «mecanismos de defensa» no nos sientan muy bien. Los principales antinutrientes son las lectinas y los fitatos.

PERO NO TENEMOS QUE PREOCUPARNOS PORQUE...

El efecto perjudicial de los antinutrientes solo se manifiesta si se consumen sin cocinar.

3. ¿SON TÓXICAS LAS LECTINAS DE LAS LEGUMBRES?

Las lectinas son proteínas presentes en algunos vegetales, especialmente en las legumbres, y tienen la capacidad de «pegarse» a otros compuestos, como los azúcares. Esto tiene sus aplicaciones positivas pero también su lado oscuro. Las lectinas son capaces de aglutinar los hematíes (glóbulos rojos) y, si las consumimos en exceso, sí podrían ser tóxicas.

La buena noticia es que para evitar esta posible toxicidad basta con hidratarlas y cocinarlas adecuadamente.

4. ¿CÓMO PUEDO ELIMINAR LAS LECTINAS DE LAS LEGUMBRES?

En dos palabras: **remojando y calentando**.

REMOJANDO: aunque los tratamientos con calor reducen los antinutrientes, se obtienen mejores resultados si las semillas han estado en remojo antes. Se recomienda poner las legumbres en agua unas 10-12 horas. Esto además permite reducir en un 50% el tiempo de cocción.

CALENTANDO: el método más común de destrucción es la cocción en agua (hervido). Se ha demostrado que las lectinas se destruyen tras someterlas a 100 °C durante 10 minutos. Ante la duda, siempre podemos tirar de olla exprés.

5. ¿QUÉ SON LOS FITATOS O EL ÁCIDO FÍTICO?

Si el superpoder de las lectinas es la capacidad de adherirse a otros compuestos, en el caso del ácido fítico es **secuestrar a algunos minerales formando un compuesto insoluble que no se absorbe en el intestino sino que se elimina por las heces**

Los minerales más afectados por el «secuestro» son calcio, zinc, hierro y magnesio. No todo son malas noticias porque igual que secuestra a los buenos, secuestra a los malos: los fitatos también forman complejos con el mercurio o el cadmio. Otro de los superpoderes negativos de los fitatos es su capacidad para inhibir la actividad enzimática y reducir la biodisponibilidad de las proteínas[49].

6. ¿CÓMO PUEDO ELIMINAR LOS FITATOS DE LAS LEGUMBRES?

El procedimiento es similar al de las lectinas (remojado y calentado) aunque con una diferencia: **en este caso no es posible eliminarlos por completo sino reducir su presencia.**

Tampoco montemos un drama con esto. Una vez que las legumbres se someten al tratamiento térmico correspondiente, la cantidad de nutrientes que secuestran los fitatos no va a hacer que nadie muera desnutrido. **Las ventajas de consumir legumbres supera con mucho los posibles inconvenientes de los fitatos.**

7. ¿CUÁNTO TIEMPO ES EL IDEAL DE COCCIÓN PARA LAS LEGUMBRES?

No se pueden ofrecer tiempos exactos, ya que los tiempos de cocción no solo dependen del tipo de legumbres sino de las distintas variedades dentro del mismo. Los tiempos aconsejados, según indicaciones de la FEN y AECOSAN[50], son:

- Garbanzos: 2–3 horas.
- Lentejas: 1–1,5 horas.
- Alubias: 1,5–2,5 horas.

8. SI EL AGUA DEL GRIFO ES DURA... ¿ES RECOMENDABLE AÑADIR BICARBONATO AL AGUA?

Aunque es una recomendación habitual, la AECOSAN no recomienda alcalinizar el agua por dos motivos:

1. Podría aportar a la legumbre cierto sabor alcalino y metálico.
2. El medio alcalino favorece que se disuelva la hemicelulosa de las legumbres, es decir, el deterioro en la forma de las lentejas.

9. ¿POR QUÉ LAS LEGUMBRES PROVOCAN GASES?

Es la pregunta del millón, la que todos estábamos esperando y la respuesta está en la rafinosa, un hidrato de carbono responsable de las flatulencias.

Para limitar este efecto se recomienda realizar una cocción previa para extraer la rafinosa y desechar esa primera agua de cocción. El problema es que con esta técnica también perderemos minerales y vitaminas. Ya se sabe: el que algo quiere (o mejor dicho, el que algo NO quiere), algo le cuesta.

10. ¿LOS GUISANTES Y LOS CACAHUETES SON REALMENTE LEGUMBRES?

A pesar de que el mortal de los comunes considere que son verduras y frutos secos respectivamente, los guisantes y los cacahuetes pertenecen a la familia de las leguminosas. Dicho esto, en vez de perder el tiempo en cuestiones filogenéticas, dediquémonos a comerlos más.

11. ¿LAS LENTEJAS TIENEN GLUTEN?

Las lentejas no contienen gluten pero puede existir contaminación cruzada. En lentejas crudas es importante revisarlas para detectar algún posible grano de trigo como verso suelto. En legumbres cocidas hay que revisar el etiquetado.

12. ¿POR QUÉ ESTÁ DE MODA LA QUINOA?

Dicen que la quinoa es un superalimento. Y digo «dicen» porque a mí solo leer la palabra «superalimento» me da sudores fríos.

La quinoa, como el trigo sarraceno (véase página 76) es un pseudocereal con sus particularidades nutricionales.

VENTAJAS DE LA QUINOA CON RESPECTO A LAS LEGUMBRES:

- Tiene todos los aminoácidos esenciales.
- Es muy versátil porque puede sustituir a los cereales y a la pasta en prácticamente cualquier preparación (ensalada de quinoa, quinoa como guarnición...).
- No provoca flatulencias (reconozcamos que este es realmente un buen punto).

INCONVENIENTES DE LA QUINOA CON RESPECTO A LAS LEGUMBRES:

- En España somos grandes productores de legumbres pero apenas cultivamos quinoa. Tenemos que traerla de allende los mares con el impacto ambiental que esto supone.
- Como consecuencia del inconveniente anterior, el precio de la quinoa es muy superior al de las legumbres. Un plato de lentejas con arroz puede ser 7 veces más barato que un plato de quinoa **y tiene los mismos aminoácidos.**

QUINOA, ¿SÍ O NO?

Si nos gusta la quinoa, es una alternativa más pero sin perder de vista que debemos priorizar el consumo de productos locales, más aún cuando nutricionalmente los importados no suponen ninguna ventaja nutricional.

LA POLÉMICA. ¿EL EDTA DE LAS LEGUMBRES ES VENENO?

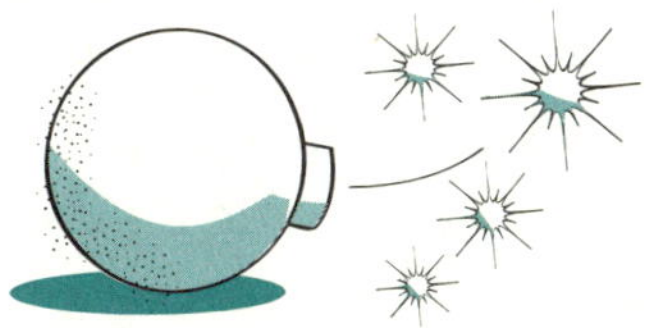

Cíclicamente aparece algún bulo en el que nos advierten de los peligros del EDTA (Etilendiaminotetracetato de calcio disódico) o E-385. Y desde aquí adelanto que lo único que debe darnos miedo del EDTA es su nombre. Porque reconozcamos que lo de Etilendiaminotetracetato de calcio disódico asusta un poco.

1. ¿QUÉ DICEN LOS BULOS?

Esta perla refiriéndose al EDTA de una mayonesa apareció en Facebook y se compartió 50.000 veces: «El EDTA en dosis bajas inhibe la absorción de minerales y hierro. En dosis altas provoca vómitos, diarrea, dolores de estómago, problemas de coagulación y micropérdidas de sangre en la orina. Provoca daños en el metabolismo celular afectando a los cromosomas en animales de laboratorio...».

Uno lee esto y claro, se asusta. Recurrir a los animales de laboratorio es un truco sucio y viejo para meter miedo. Aunque fuera cierto lo que dicen, que no lo es, no se puede comparar lo que le pasa a un ratón de pocos gramos cuando le han inflado deliberadamente a un aditivo con lo que le ocurre a un humano cuando consume un producto con la dosis que marca la ley.

2. ¿QUÉ ES EL EDTA?

El EDTA es un antioxidante muy común que está registrado en el Codex Alimentarius. Su superpoder es parecido al que comentábamos del ácido fítico: es un secuestrante de algunos minerales para evitar la oxidación. Al evitarla, las legumbres no se ponen feas y mantienen un color bonito en el bote. *A priori* nos puede parecer una frivolidad, pero, como comentábamos, si las lentejas tienen un color parduzco y «sospechoso», no las compraría ni el tato. El hecho de que actúe como secuestrante de algunos minerales para evitar la oxidación no quiere decir que el valor nutricional de las legumbres vaya a disminuir significativamente.

Además de en las legumbres, el EDTA se utiliza en otros productos como salsas (mayonesa), grasas para untar (mantequilla/margarina) o conservas de pescado. Los productos en los que puede usarse, así como la dosis, están regulados por la legislación .

3. ¿ES FÁCIL «PASARSE» DE LA CANTIDAD DE EDTA QUE ES SEGURO CONSUMIR?

Los niveles seguros de ingesta de cada aditivo (la Ingesta Diaria Admisible) que marca la legislación se calculan teniendo en cuenta que puede consumirse EDTA a partir de distintas fuentes. Hoy en día sabemos que el consumo de EDTA de la población en general es unas diez veces inferior al máximo en niños y unas treinta veces menos en adultos. Es decir, podemos comernos 29 platos más de lentejas y hasta el número 30 no nos pasaría nada.

EDTA, ¿SÍ O NO?

EDTA, sin miedo. Y si alguien no quiere consumirlo, que compre las legumbres en crudo. Fácil.

QUE NO TE LA CUELEN. LA QUINOA: UN CEBO PARA COBRAR EL DOBLE

Si tecleamos la palabra «quinoa» en los buscadores de dos cadenas grandes de supermercados encontramos que en uno hay 90 productos y en otro 102 que la contienen. El problema es que hice este mismo experimento hace 8 meses y entonces aparecieron 77 y 81 resultados, respectivamente. Es mejor asumirlo: la quinoa es una epidemia y su expansión es imparable.

Con la quinoa ocurre algo parecido a lo que en Forrest Gump con las gambas. Tenemos quinoa con arroz, quinoa con ensalada, galletas de quinoa, macarrones con quinoa, sopa de quinoa, hamburguesa de quinoa, bebida de quinoa, potito de quinoa, papilla de quinoa, paté de quinoa, yogur con quinoa... y mi favorito: crema de peinar con colágeno panthenol y quinoa con filtro solar sin aclarado tamaño viaje tubo 30 ml.

El problema ya no es solo que importemos quinoa como locos teniendo otras alternativas saludables en España. Lo grave del asunto es que la quinoa se utiliza como gancho en cantidades ridículas para hacer pasar por saludables productos que no lo son. La estrategia es la siguiente:

1. Se escoge un producto de fácil salida, como el yogur, el pan o las galletas.

2. Se le añade azúcar, harinas refinadas y lo que haga falta para que el producto esté rico.

3. Se indica en letras muy grandes en el envase que contiene QUINOA.

4. Se pintan unas bolitas de quinoa para dar más realismo al asunto.

5. Se le añade quinoa en menos del 1%.

6. El consumidor, que ha visto QUINOA en grande pero no lee la lista de ingredientes, piensa que el producto es más saludable porque lleva QUINOA y lo compra **pagando más del doble por él**.

7. El consumidor que muerde el anzuelo se come menos de 1 gramo de quinoa pensando que lo está haciendo genial. Y como el producto está rico, repite.

Lamentablemente, esta misma estrategia de usar la quinoa como cebo se utiliza con otros muchos «superalimentos», como la avena, la espelta, el kamut, el aguacate...

CASO PRÁCTICO

YOGUR LÍQUIDO DE AVENA Y QUINOA

	100 g	140 g
Valor energético	**79 kcal**	**110 kcal**
Grasas	2,4 g	3,4 g
De las cuales saturadas	1,5 g	2,1 g
Hidratos de carbono	11,2 g	15,7 g
De los cuales azúcares	10,1 g	14,2 g
Proteínas	3 g	4,1 g
Sal	0,11 g	0,15 g
Calcio	122 mg	171 mg

Ingredientes: leche desnatada, agua, **nata**, azúcar, **avena** (1,4%), quinoa (0,4%), **leche** en polvo desnatada, **sólidos lácteos**, zumo concentrado de limón y fermentos lácticos activos. Puede contener semillas de sésamo.

Análisis: en la tabla vemos que el yogur de avena y quinoa aporta 14 gramos de azúcar, que ya está bien, siendo lo recomendado 25 gramos al día. Y al mirar la lista de ingredientes, lo normal es que los ojos se nos escapen de las órbitas: 1,4% de avena y 0,4% de quinoa. ¿Esto qué quiere decir? Que cuando un individuo se toma este yogur, se mete entre pecho y espalda medio gramo de quinoa. *¡Hínchate, hermoso!* El yogur, por cierto, cuesta casi 2,5 veces lo que un yogur 3–4–3.

Otros ejemplos de quinoa en proporciones ridículas:

- Galletas de quinoa con 0,4 gramos por galleta.
- Tortitas de arroz con quinoa con 0,3 gramos por tortita.
- Tarrina de legumbres con verduras y quinoa con 15 gramos en 250 gramos de tarrina.
- Picos camperos con quinoa con un 80% de harinas refinadas de trigo y centeno y un 6% de quinoa.

Y así, hasta el infinito de la vergüenza ajena. Las conclusiones se las dejo a ustedes.

5 CLAVES DE LEGUMBRES Y PSEUDOCEREALES

1. Si todos comiéramos más legumbres, seríamos más ricos y quizá más felices.

2. El «caldillo» de las legumbres de bote no es tóxico pero tampoco obligatorio bebérselo.

3. Para evitar indiscretas flatulencias por las legumbres, se recomienda retirar el primer caldo de cocción.

4. La quinoa es una opción nutritiva y versátil, pero somos capaces de sobrevivir sin ella.

5. Usar cantidades ridículas de quinoa como cebo en productos ultraprocesados es una estrategia tan común como lamentable.

FRUTAS Y VERDURAS

Que la mitad de tu carro de la compra se parezca a la bandera de Portugal. Suena místico pero ese es el espíritu. Si la mitad de nuestro carro de la compra es verde y rojo, como la bandera de Portugal, es porque está lleno de fruta y verdura y estaremos en el buen camino.

4 MITOS SOBRE FRUTAS Y VERDURAS

1. COMER FRUTA DESPUÉS DE LAS COMIDAS ENGORDA

No hay ninguna razón fisiológica para no comer fruta de postre. Supongo que las razones de los gurús que predican este argumento serán más bien cósmicas. La fruta tiene el mismo aporte calórico antes, durante y después de las comidas. Es probable que si tomamos la fruta antes lleguemos a la hora de comer más saciados. Pero más allá de esto, poco se puede ganar cambiando el orden de ingesta de la fruta.

2. COMER FRUTA POR LA NOCHE ENGORDA

Insisto: comer fruta no tiene horario ni fecha en el calendario. Tampoco hay evidencia científica de que haya un momento del día mejor que otro para comer fruta. De hecho, cualquier momento del día es bueno para comer fruta.

3. LAS PERSONAS CON DIABETES NO PUEDEN TOMAR FRUTA

Por supuesto que pueden y, de hecho, el consumo de fruta es aconsejable para prevenir enfermedades como la diabetes tipo II. Los azúcares de la fruta en su forma entera no suponen problema. Otra cosa muy distinta son los zumos, como veremos al final de este capítulo.

4. LAS FRUTAS Y VERDURAS ECOLÓGICAS SON MEJORES PARA LA SALUD

Cuando en otros países se pregunta al consumidor por qué elige productos ecológicos, suele contestar que lo hace para contribuir a la sostenibilidad. En España vamos por libre y asociamos los alimentos ecológicos a alimentos más saludables. Es decir: **pensamos que lo ecológico es más sano.**

Algunos estudios concluyen que en los productos ecológicos se puede encontrar menor cantidad de pesticidas que en los convencionales[51]. Pero las cantidades de pesticidas encontradas en los convencionales son seguras, así que esto no convierte a los productos ecológicos en «más saludables». **Las revisiones sistemáticas tampoco han encontrado que los productos ecológicos tengan un mayor valor nutricional**[52].

Si alguien quiere consumir «ecológico», adelante. Hay otros motivos para hacerlo, especialmente en lo referente al trato animal. Pero que lo haga sabiendo que **una manzana ecológica no tiene diferencialmente más vitaminas ni es «menos tóxica» que una convencional.** Con respecto a si la agricultura ecológica realmente tiene un menor impacto medioambiental, actualmente la polémica está servida[53].

RADIOGRAFÍA DE LA FRUTA Y LA VERDURA PERFECTAS

1. FRUTA Y VERDURA FRESCAS

La fruta prohibida solo existe en la Biblia. Cualquier fruta y verdura que nos guste es perfecta. Dicho esto y puestos a elegir, la mejor opción es la fruta de temporada y de proximidad (en general, de la misma región o cultivada a menos de 100 km). Si lo de elegir plátanos de Canarias frente a las bananas lo tenemos todos muy interiorizado, ¿por qué nos cuesta tanto hacer lo mismo con el resto de frutas? Es exactamente igual.

2. FRUTA Y VERDURA CONGELADAS O EN CONSERVA

La fruta y verdura congeladas o en conserva deben llevar como ingredientes la fruta o la verdura congelada. Y nada más.

EJEMPLO SÍ: menestra de verduras congelada.

- **Ingredientes:** guisantes 20% mínimo, judías verdes cortadas 19,2% mínimo, zanahorias 12,8% mínimo, corazones de alcachofa cortados 10,4% mínimo, coles de Bruselas 8,8% mínimo, habas 8,8% mínimo.

- **Análisis:** en la etiqueta hay guisantes, judías, zanahorias, alcachofa, coles de Bruselas y habas. Muchos ingredientes, y todos saludables. Es una buena opción.

EJEMPLO NO: guisantes en conserva.

- **Ingredientes:** guisantes, agua, azúcar y sal.

- **Análisis:** es frecuente añadir a las conservas azúcar y sal. Suelen ser cantidades pequeñas, pero siempre sería preferente una opción que solo llevara guisantes. Guisantes y punto. Si esta opción no está disponible como conserva, siempre se pueden comprar los guisantes congelados.

PREGUNTAS QUE SIEMPRE QUISISTE HACER SOBRE LAS VERDURAS

1. VERDURAS EN BOLSA: ¿QUÉ ES LA CUARTA GAMA?

Son hortalizas y frutas frescas que pasan por pelado, cortado, lavado y envasado. **El ejemplo más representativo son las clásicas bolsas de lechuga que hace unos años eran consideradas *gourmet* y en poco tiempo se han expandido hasta convertirse en la lechuga nuestra de cada día.** Al trocear los vegetales se acorta su vida útil con respecto a su forma original. Para darles vidilla se envasan al vacío o en atmósfera modificada. A diferencia de otras verduras, en este caso resulta fundamental que en el transporte se mantenga la cadena de frío.

2. ¿EN QUÉ CONSISTE LA FAMOSA «ATMÓSFERA MODIFICADA»?

Suena un poco galáctico pero en realidad es muy sencillo. Consiste en extraer el oxígeno (dejando un poquito para mantener el mínimo de respiración) y en su lugar introducir gases como el dióxido de carbono o el nitrógeno para que los bichitos no puedan respirar ni crecer. Aunque suene novedoso, es una técnica muy antigua que se emplea desde los años 30 cuando las embarcaciones transportaban carne y mariscos desde Australia y Nueva Zelanda a Inglaterra. ¡Ojo!

Esto no quiere decir que no pueda crecer ningún tipo de bichos, porque existen bacterias anaerobias también.

3. ¿AL INTRODUCIR NITRÓGENO Y DIÓXIDO DE CARBONO CAMBIA EL SABOR DE LAS VERDURAS?

Hay quien desconfía pensando que estos gases le aportarán un sabor raruno, pero no tiene por qué. Dependerá de las técnicas y del gas empleado, pero en esencia no tiene por qué.

- El nitrógeno es inodoro e insípido, no es soluble en agua ni en grasa (casi el 80% del aire es nitrógeno).
- El dióxido de carbono es también inodoro aunque puede dar cierto sabor ácido.

La verdadera diferencia en el sabor la marca la materia prima elegida.

4. ¿HAY QUE LAVAR LAS VERDURAS QUE VIENEN EN BOLSA?

No, no es necesario. Ya han sido sometidas a un proceso de lavado previo y en los propios envases suele indicarse.

5. ¿CUÁL ES LA MEJOR FORMA DE LAVAR LA VERDURA FRESCA? ¿TENGO QUE COMPRAR PRODUCTOS ESPECÍFICOS?

Estas son las recomendaciones actuales de la AECOSAN[54]:

1. Lavar bajo el chorro del grifo, aunque se vayan a pelar, para evitar que la contaminación pase del cuchillo al alimento.
2. Usar cepillos específicos para las superficies de las frutas de cáscara dura (melón, sandía) o algunas verduras (pepino, calabacín).

3. Secarlas con papel de cocina.

4. Si se va a comer fruta cruda con piel, verdura cruda (lechuga, espinacas...) o verdura cruda con piel (pepino), se recomienda sumergirlas durante 5 minutos en agua potable con 1 cucharita de postre de lejía (4,5 ml) por cada 3 litros de agua. Después aclarar con abundante agua corriente.

5. La lejía debe estar etiquetada como «apta para la desinfección de agua de bebida».

6. ¿LOS VEGETALES PIERDEN NUTRIENTES CON LA CONGELACIÓN?

La congelación es caballo ganador como método de conservación a largo plazo. A pesar de la creencia común, la congelación es un proceso que no afecta prácticamente al contenido en nutrientes de los alimentos[55]. Es cierto que el escaldado previo a la congelación que se realiza en algunas hortalizas puede hacer que se pierdan vitaminas hidrosolubles, pero este proceso también mejora la biodisponibilidad de las liposolubles. Por tanto, las gallinas que entran por las que salen.

¿Ventaja? La comodidad y el precio. **¿Inconveniente?** El método no es infalible: puede alterar la textura de algunos vegetales, especialmente la de las frutas.

7. ¿LAS VERDURAS LISTAS PARA EL MICROONDAS SON SALUDABLES?

A pesar del plástico, son seguras. Eso sí, sale mucho más barato poner las verduras en el microondas con un par de deditos de agua dentro de un cuenco tapado. Nos ahorramos contaminar con el plástico. Y una pasta.

8. ¿EL GAZPACHO DE BOTE ES SALUDABLE?

¿Hay algo más español y más apetecible en verano que un gazpacho fresquito? Hasta el más negado en la cocina es capaz de coger la batidora y hacerlo. Y sin embargo, el tetrabrik de gazpacho se ha convertido en un básico sobre las mesas estivales compitiendo fuerte con el cartón de tinto de verano. Ojalá más cartones de lo primero que de lo segundo, porque el gazpacho de bote, bien elegido, es un **SÍ**.

¿El secreto de un buen gazpacho de bote? Menos es más. Puede ser un recurso perfectamente saludable si está elaborado con aceite de oliva virgen extra y hay un porcentaje alto de hortalizas propias del gazpacho (más del 90%).

CASO PRÁCTICO

GAZPACHO DE BOTE

	100 g	140 g
Valor energético	**79 kcal**	**110 kcal**
Grasas	2,4 g	3,4 g
De las cuales saturadas	1,5 g	2,1 g
Hidratos de carbono	11,2 g	15,7 g
De los cuales azúcares	10,1 g	14,2 g
Proteínas	3 g	4,1 g
Sal	0,11 g	0,15 g
Calcio	122 mg	171 mg

Ejemplo SÍ:

Ingredientes: hortalizas 94% (tomate, pimiento, pepino, cebolla, ajo), aceite de oliva virgen extra (2,2%), vinagre de vino (sulfitos), sal, zumo de limón.

Ejemplo NO:

Ingredientes: hortalizas frescas 57% (tomate, pimiento, cebolla), **agua**, aceite de oliva virgen extra (3,8%), pan rallado (contiene trigo), vinagre de vino, sal, ajo.

Análisis: en el gazpacho que NO, cerca de un 40% es agua. La densidad nutricional es menor y... ¡sorpresa! El precio es más del doble.

Es cierto que en el segundo caso se especifica que las hortalizas son frescas, pero como hemos visto en la pregunta anterior, las hortalizas congeladas conservan su valor nutricional, así que desde el punto de vista de la nutrición (y del bolsillo) sería peor opción.

9. ¿EL TOMATE FRITO CASERO ES REALMENTE CASERO?

El mundo tomate frito es infinito. Tenemos tomate frito casero, tradicional, de la abuela... ¡No hay suficientes abuelas en España para hacer tanto tomate frito «de la abuela»! Hoy en día, lo realmente complicado es encontrar un tomate de bote que no lleve el reclamo «casero». Total, ponerle este apellido sale gratis. ¿Gratis? Sí, gratis.

Al igual que sucedía con el pan «rústico» (véase página 82), los reclamos «casero» o «de la abuela» no están recogidos en la legislación. Vamos, que no le han pedido a la abuela su carnet para darle vueltas al tomate. Entre otras cosas, porque no hay abuela.

EL ENCANTO DE LO «CASERO»

Los adjetivos «casero» o «artesano» tienen una carga de significado importante. Al leer estas palabras en el envase lo habitual es pensar que son productos de mayor calidad. Porque por alguna razón (la «química» es mala, lo «natural» es bueno) tenemos asumido que lo «hecho en casa» o lo «tradicional» es mejor.

A pesar de las buenas intenciones de los fabricantes, todos estos reclamos no dejan de ser una estrategia de *marketing*. Los productos caseros no tienen por qué ser de mayor calidad, ni por supuesto el proceso de fabricación ser algo parecido a lo que uno haría en su casa.

¿QUÉ LLEVA EN REALIDAD UN TOMATE CASERO?

En general el tomate de bote «casero» suele llevar ingredientes que uno no incluiría si elaborara el tomate en su casa, como almidón de maíz (espesante) o el E-330, ácido cítrico (antioxidante). Siendo justos, no pasa nada porque un producto lleve almidón de maíz para espesar o ácido cítrico para regular la acidez. Son ingredientes seguros. Pero el significado de la palabra casero se pervierte.

RADIOGRAFÍA DEL TOMATE FRITO PERFECTO

La clave está en buscar el que contenga mayor porcentaje de tomate, acompañado de aceite de oliva virgen extra. Como dato orientativo, el porcentaje de azúcar de un tomate frito decente será del 5%.

CASO PRÁCTICO

Tomate frito SÍ:

Ingredientes: tomate, aceite de oliva virgen extra, azúcar, sal.

Tomate frito NO:

Ingredientes: tomate y tomate concentrado, aceite de girasol, **jarabe de glucosa y fructosa, azúcar**, manzana, almidón modificado, sal, aromas y especias.

Análisis: en el primer caso el porcentaje de tomate será 90% o superior. Las diferencias con el segundo caso son grandes: pasamos de 4 a 10 ingredientes. Encontramos aceite de girasol en lugar de AOVE. Y en el capítulo de los azúcares, jarabe de glucosa y fructosa (véase página 203). Además de azúcar, incluye aromas para mejorar de forma artificial el sabor.

¿LA MEJOR OPCIÓN?

La mejor opción no es el tomate frito, sino simplemente triturado. Si hay que añadir aceite y sal, lo hacemos en casa.

Ejemplo SÍ de etiqueta de tomate triturado: tomate y corrector de acidez (ácido cítrico).

LA POLÉMICA. ¿LOS ZUMOS ESTÁN MALDITOS?

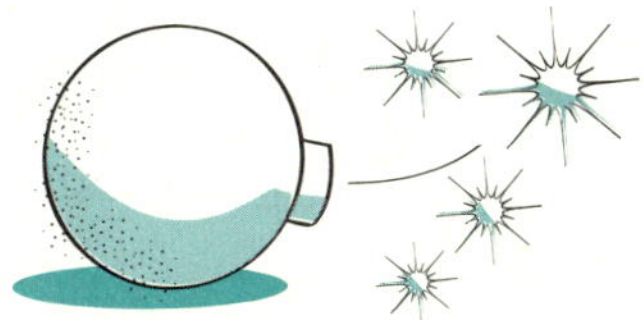

El azúcar de la fruta consumido en su forma entera no es comparable al azúcar de un zumo, aunque sea un zumo natural recién exprimido. **En 2015 la OMS publicó un documento de posición sobre los azúcares en el que calificaba a los azúcares de los zumos como azúcares libres (es decir, malos), y el ambiente empezó a caldearse** (véase página 195).

En 2017 la Academia Americana de Pediatría publicó nuevas recomendaciones con respecto a la ingesta de zumos en niños menores de un año. Cayeron como un bombazo porque la recomendación no deja lugar a dudas: **los niños menores de un año no deben incluir zumos de fruta en su dieta.** Estas recomendaciones afectan por igual a los zumos de bote y a los hechos en casa. Lo de equiparar el zumo de bote a zumo hecho en casa hizo que a algunos les diera vueltas la cabeza y la «polémica del zumo» empezó a viralizarse.

¿POR QUÉ ES MEJOR TOMAR FRUTA ENTERA QUE ZUMO?

1. LA FIBRA: al hacer zumo tiramos a la basura la pulpa, y con ella una gran cantidad de fibra soluble e insoluble.
2. EL ÍNDICE GLUCÉMICO: al eliminar la fibra perdemos la matriz que «retiene» el azúcar y este pasa a sangre de forma mucho más rápida.
3. LA SACIEDAD: prueba a tomar tres naranjas con cuchillo y tenedor y tres naranjas en zumo... ¿Se queda uno igual de saciado? Pues imaginemos una criatura. La masticación aumenta la saciedad.
4. LAS KILOCALORÍAS: esta razón está relacionada con la anterior. En lugar de tomar una naranja nos tomamos tres para hacer un zumo.

5. DESARROLLO MANDIBULAR: en niños podríamos añadir que masticar fruta contribuye al buen desarrollo mandibular.

¿TODOS LOS ZUMOS SON IGUALES?

1. ES UN ZUMO SI...

En el envase pone la palabra «zumo». Así de fácil. En abril de 2015, por obra y gracia del Real Decreto 781/2013 del 11 de octubre[56], se determinó que solo pueden llamarse «zumos» determinados productos obtenidos a partir de la fruta **sin azúcares añadidos.** Es decir, si hay azúcares añadidos en la composición, ya no puede llamarse zumo ni poner la palabra «zumo» en el envase.

EJEMPLO ZUMO:

Ingredientes: zumo de naranja.

2. NO ES UN ZUMO SI...

No pone la palabra «zumo» en el envase. Así de fácil. En este caso veremos probablemente la palabra «azúcar» en su listado de ingredientes. Si es un néctar, el azúcar puede estar presente incluso en un 20%. Algunos recursos habituales consisten en llamar al producto con el nombre de la fruta. Son envases donde en letras de buen tamaño aparece, por ejemplo, la palabra «naranja», pero omitiendo la palabra «zumo».

EJEMPLO NÉCTAR:

Ingredientes: naranja (zumo a partir de concentrado [40%], zumo [10%]), agua, azúcar, pulpa de naranja (5%), vitamina C.

3. ES UN *ZORROMOSTRO* NUTRICIONAL CON SABOR A NARANJA SI...

El primer ingrediente es agua y a continuación encontramos un chorro de ingredientes.

EJEMPLO *ZORROMOSTRO* NUTRICIONAL CON SABOR A NARANJA:

Ingredientes: agua, zumo de frutas 8% (naranja, mandarina, pera y uva) parcialmente a partir de concentrado, azúcar, acidulante E-330, aceites vegetales (coco), corrector de la acidez E-331, emulgente E-1450, espesantes E-415 y E-466, aromas, edulcorante (sucralosa, acesulfamo K), colorantes E-160a y vitaminas C, E y B6.

Análisis: el primer ingrediente es agua y solo hay un 8% de fruta. La lista de ingredientes innecesarios (azúcar, aditivos, aceite de coco) es interminable.

QUE NO TE LA CUELEN. LOS SUPERALIMENTOS, RICOS Y SIN FUNDAMENTO

A pocas cosas les tengo más tirria que a los superalimentos. Los reconoceremos porque tienen nombre extranjero, vienen de algún lugar exótico —cuanto más lejos, mejor— y cuestan un ojo de la cara. La prueba de fuego es Gwyneth Paltrow: si la reina de los enemas de café* recomienda algún ente vegetal, no hay duda de que es un superalimento.

Es cierto que los superalimentos suelen ser frutas, verduras o cereales saludables con una buena densidad de nutrientes. Solo faltaba. Pero ni curan enfermedades, ni consiguen la vida eterna. Nutricionalmente son similares a otros vegetales de andar por casa, con la diferencia de que los superalimentos tienen un nombre molón y han caído en gracia.

Como en el caso del yogur con quinoa, los **superalimentos se suelen utilizar como cebo para atracar el bolsillo del consumidor.**

* Sí, en la tienda de Gwyneth Paltrow los enemas de café causaron furor en 2018.

Y además son una varita mágica para hacer pasar por saludables productos que no lo son.

Ejemplos:

- Las bayas de açai, o Viagra del Amazonas, son similares a los arándanos y cuestan catorce veces más. De Viagra, por cierto, las bayas no tienen nada.
- El bimi es un brócoli alargadito, pero cuatro veces más caro.
- El kale es primo hermano de la col rizada o de la berza, pero con un nombre en inglés. Una *pizza* con kale suena mejor que una *pizza* con berza. Pero no olvidemos que una *pizza* con kale sigue siendo una *pizza*.

5 CLAVES SOBRE FRUTAS Y VERDURAS

1. Elige fruta y verdura locales y de temporada. ¡No necesitamos traerlas del otro lado del charco!
2. La fruta entera siempre es mejor que el zumo, aunque te lo haga tu madre con amor.
3. La verdura ultracongelada mantiene sus nutrientes y tú te ahorras un pico.
4. Nadie conoce a la abuela del «tomate casero de la abuela».
5. Los superalimentos no existen: son Gwyneth Paltrow.

CARNES

El concepto «carnes procesadas» cobró una nueva dimensión en octubre de 2015 cuando la OMS emitió un comunicado en el que relacionaba la carne procesada con el cáncer. Para entender mejor el análisis de cada producto, empezaremos este capítulo por el final: la polémica.

LA POLÉMICA. CARNE PROCESADA Y CÁNCER: 5 CLAVES PARA ENTENDERLO

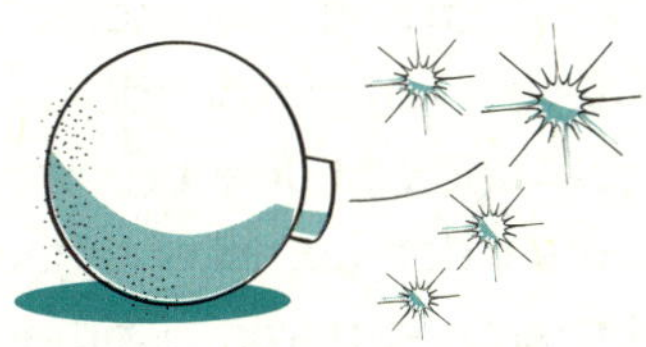

1. DIFERENCIAS ENTRE CARNE PROCESADA Y CARNE ROJA

La **carne procesada** se define como la carne transformada mediante salazón, curado, fermentación, ahumado u otros procesos para mejorar su sabor o su conservación. Hablamos de carne de cerdo o carne de res, pero estos preparados también pueden contener otras carnes rojas, aves, menudencias o subproductos cárnicos tales como la sangre. Ya se sabe lo que dice el refrán: «En el amor y en la guerra todo vale, y en las salchichas y los *nuggets* todo cabe». Algunos ejemplos son las salchichas, el beicon, el jamón (sí, el jamón, una lágrima cayó en la arena), los fiambres, la cecina y la carne en lata, entre otros.

La **carne roja** se define como la carne muscular de los mamíferos, incluyendo carne de res, ternera, cerdo, cordero, caballo y cabra. Es decir, chuletones, filetes, entrecots, solomillos y todo lo que viene siendo chicha.

2. LA CARNE PROCESADA, EN EL GRUPO 1

Desde 2015, por obra y gracia de la IARC (Agencia Internacional de Investigación sobre el Cáncer), la carne procesada está clasificada como **carcinógena** para los humanos (Grupo 1), ya que se encontró evidencia suficiente de que provoca cáncer colorrectal. Además, la IARC clasificó la carne roja como **probablemente carcinógena** para los humanos (Grupo 2), ya que en este caso se encontró evidencia limitada. Sintetizando: las salchichas son caca y el solomillo pichí pichá.

En aquel momento se montó gran revuelo porque la jugada era inevitable: ir corriendo a mirar la lista de las sustancias que componen el Grupo 1 y hacer la comparación. En el Grupo 1 se encuentran viejos conocidos como el tabaco o el amianto, así que los titulares no se hicieron esperar: «Comer salchichas es tan peligroso como fumar». Afortunadamente no es tan sencillo. Que dos malvados compuestos se encuentren en el Grupo 1 no significa que sean igual de terroríficos. En la misma categoría de «monstruos» tenemos al monstruo de las galletas y al hombre lobo, y yo preferiría cruzarme con el primero.

3. ¿CUÁNTA CARNE HAY QUE TOMAR PARA IRSE AL OTRO BARRIO?

En la revisión que hizo la IARC contrastaron los resultados de 800 estudios y concluyeron que 50 gramos de carne procesada consumida diariamente aumenta el riesgo de cáncer colorrectal en un 18%. Esto no significa que por comer carne procesada tengamos un 18% de posibilidades de tener cáncer colorrectal, sino que se aumenta un 18% el riesgo que cada uno tenga.

¿50 g de carne diaria es mucho o es poco? Dependerá de nuestros hábitos. Para que se hagan ustedes una idea, el paquete de salchichas tipo Frankfurt que todos tenemos en la cabeza pesa 140 gramos, la barra de fuet de la abuela catalana de las pizzas pesa 180 gramos y los envases al vacío de fiambre *loncheado* están entre los 100 y 170 gramos.

4. ¿QUIÉNES SON LOS CULPABLES DE ESTA HISTORIA?

Los potenciales culpables son:

- LOS COMPUESTOS N-NITROSO (las famosas nitrosaminas). Se forman principalmente a partir de los nitratos (E-251, E-252) y nitritos (E-249 y E-250). Los nitratos y nitritos son aditivos que se añaden para garantizar la seguridad de la carne (que no crezcan algunos bichos malos, como clostridium) y también para conseguir algunas características sensoriales apreciadas en estos productos (sabor, aroma). La EFSA los ha evaluado y reevaluado y son aditivos seguros en las dosis que marca la ley.
- LOS HIDROCARBUROS AROMÁTICOS POLICÍCLICOS (HAP) Y LAS AMINAS AROMÁTICAS HETEROCÍCLICAS (AAH). Se forman durante el calentamiento a altas temperaturas. No todas las técnicas son iguales: en la barbacoa o la parrilla (es decir, cuando hay «chamuscadillo») estas sustancias se producen en mayor cantidad.
- EL HIERRO HEMÍNICO. Está presente de forma natural en la carne. Y esto es lo más complicado de todo porque, aunque a la carne no se añadan aditivos y no se caliente a altas temperaturas, sigue teniendo el hierro hemínico.

5. Y AHORA, ¿QUÉ HACEMOS?

Esto que se preguntaban los buitres de *El libro de la selva* es lo que nos preguntamos nosotros. ¿Ahora qué vamos a hacer? ¿Podremos volver a hincarle el diente a una salchicha sin pensar que vamos a morir? ¿Podremos dársela a nuestros hijos sin sentirnos culpables?

Las nuevas guías alimentarias recomiendan evitar el consumo de carne procesada y limitar el de carne roja. Es decir, los fiambres y las salchichas, ni olerlos. Y la carne roja, solo en fiestas de guardar.

Como, a pesar de todo, me temo que vamos a seguir comiendo fiambres y jamón, dedicaremos este capítulo a que al menos escojamos la opción «menos mala».

CARNE PROCESADA

El maravilloso mundo de los derivados cárnicos huele a tocino, panceta, jamón, chorizo, lomo, salchichón, salchichas, sobrasada y más. Mucho más. Nos centraremos en los más populares.

JAMÓN COCIDO Y FIAMBRES

EL JAMÓN DE YORK NO EXISTE

Soy consciente de que esto es un drama nacional, pero el jamón de York no existe.

Lo sé. Parece difícil de creer pero así es. El jamón de York no existe porque **la denominación «jamón de York» no aparece en la legislación.** La palabra «york» luce hermosa en algunos envases como reclamo publicitario, pero no implica que el producto deba cumplir ningún requisito. No es una denominación de origen, como Jabugo. Podemos fabricar unos *Petazeta York* y quedarnos tan anchos.

Las denominaciones oficiales de jamón son tres: «jamón/paleta cocida extra», «jamón/paleta cocida» y «fiambre de... »[57]. Salvo que el etiquetado demuestre lo contrario, mi consejo es desconfiar de los productos con el apellido «York». Si miramos el listado de ingredientes, lo habitual es que el porcentaje de carne esté en torno al 50%, es decir, que sea un fiambre, la categoría de peor calidad.

RADIOGRAFÍA DEL JAMÓN COCIDO PERFECTO

Teniendo en cuenta que las autoridades sanitarias recomiendan evitar el consumo de carnes procesadas (y entre ellas está el jamón cocido), sería atrevido por mi parte afirmar que existe un jamón cocido perfecto. Al menos desde el punto de vista nutricional.

Puestos a elegir, el de mayor calidad será el que tenga más porcentaje de carne. Porque, aunque algunas de estas carnes no sean como para tirar cohetes, el producto final tendrá un menor grado de procesamiento, con menor presencia también de sal, azúcar, aditivos y otros compuestos más que prescindibles.

¿CUÁL ES EL MEJOR JAMÓN COCIDO?

El **jamón/paleta cocida extra** es el de mayor calidad. No contiene féculas, ni proteínas añadidas para aglutinar agua y la cantidad de azúcar presente es la más baja (menos del 1,5%). **El porcentaje de carne en un jamón cocido extra está normalmente entre el 80-90%** aunque hay honrosas excepciones con más de un 90% de jamón. Dentro de la categoría «jamón cocido extra», elige siempre el que tenga mayor porcentaje de jamón (los hay hasta del 97%).

Por orden de mayor a menor categoría:

1. Jamón/paleta cocida EXTRA (80-90% de carne aprox.).
2. Jamón/paleta cocida (70-80% de carne aprox.).
3. Fiambre (50% de carne aprox.).

PREGUNTAS QUE SIEMPRE QUISISTE HACER SOBRE EL JAMÓN COCIDO Y LOS FIAMBRES

1. ¿CÓMO DIFERENCIO EL JAMÓN COCIDO «EXTRA» DE OTRAS CATEGORÍAS?

El jamón cocido extra (80-90% de carne) viene marcado en el envase como «jamón cocido extra». Si no aparece el apellido «extra» y simplemente pone «jamón cocido», estamos ante la segunda categoría de jamón cocido.

En el jamón cocido (sin apellido «extra») también está prohibido añadir féculas. Sin embargo, aquí la legislación sí permite añadir proteínas para retener agua. También admite añadir mayor cantidad de azúcar, hasta el 2%. **En este jamón «de segunda», el porcentaje de carne baja generalmente hasta el 70%.** Es decir, comes menos carne.

2. ¿POR QUÉ NO DEBO COMPRAR FIAMBRE?

Aunque a veces utilicemos la palabra «fiambre» de forma genérica para referirnos a este tipo de productos, si en el envase pone la palabra «fiambre» deben sonar las alarmas porque nos encontramos ante la tercera categoría, la de peor calidad.

¿Por qué? Porque en esta categoría sí que está permitido añadir féculas y el porcentaje de carne está en torno al 50%. Sí: **mitad carne y mitad agua y añadidos.** Al tener poca carne, sabe poco a carne. ¿Solución? Al fiambre se le añaden numerosos aditivos para conseguir mejores características organolépticas. Para que la textura parezca jamón y sepa a jamón, aunque solo tenga un 50%.

Es habitual añadir aditivos potenciadores del sabor, entre los que se encuentra el glutamato monosódico o E-621.

A pesar de ser un *zorromostro* nutricional, el fiambre triunfa por dos razones:

1. «Sabe bien». A quien le guste, claro, porque se trata de un sabor artificial.
2. Es más barato. Aunque, si analizas que en lugar de carne estás pagando un considerable porcentaje de agua y almidón de patata, en realidad no es tan barato.

REGLA DE LAS 3F:
FIAMBRE, FÉCULA, FEO

Cuando leamos **FIAMBRE**, recordemos que empieza por **F** de **FÉCULA**... y que, por tanto, es **FEO**.

3. SI EL FIAMBRE ES DE POLLO, PAVO O AVE… ¿ES MÁS SANO?

Muchos piensan que un derivado cárnico de pechuga de pavo es mejor que si es de jamón «porque tiene menos grasa». Error. Que esté hecho a base de pavo no garantiza la calidad. Lo importante es mirar el etiquetado y comprobar qué porcentaje de pavo tiene el producto.

Existe el «fiambre de pechuga de pavo» con las mismas características que los fiambres del punto anterior. Podemos encontrarnos un fiambre de pavo con un 50% de pavo y otro 50% de *cosas prescindibles* (por decirlo finamente).

4. ¿EXISTEN PRODUCTOS DE POLLO, PAVO O AVE DE CALIDAD?

Sí. Simplemente aparecerá mencionado en el envase como «pechuga de pollo, pavo o ave» **SIN** que aparezca la palabra fiambre. Debemos buscar el que lleve mayor porcentaje de pollo, pavo o ave.
Esta categoría no permite incluir féculas aunque el porcentaje de azúcar y proteínas añadidas es el más alto (3% y 2%, respectivamente).

QUE NO TE LA CUELEN. EXTRAJUGOSO NO ES EXTRA

El reclamo «extrajugoso» suele aparecer en el etiquetado del jamón cocido que no es de categoría «extra», sino de segunda. Es una forma avispada de colar la palabra «extra» en el envase de un producto que es de una categoría inferior y que legalmente no puede llamarse «extra».

Que en un jamón cocido ponga «extrajugoso» no significa que sea de mejor calidad ni que tenga mejor carne. Solo significa que se ha procesado para retener más agua y tener una textura agradable. Conclusión: escojamos **EXTRA** y no **EXTRAJUGOSO**.

LA ALTERNATIVA: EL POLLO LENTO

El pollo a baja temperatura, que he rebautizado convenientemente como «pollo lento», es la solución para aquellos que no saben vivir sin su «fiambre» pero que, después de leer este apartado, se han dado cuenta de que no quieren *zorromostros* nutricionales en su vida.

Cocinando el pollo al vacío y a baja temperatura, con las especias que uno prefiera, se consigue una textura jugosa que puede cortarse en finas lonchas y servir como sustituto del jamón o el pavo cocido.

El pollo lento, que nadie se ría, está cambiando las meriendas españolas. Para saber cómo hacerlo, solo hay que poner en el buscador de Internet: «pollo lento Boticaria García» y entre los resultados aparecerá el blog de mi amiga Rebeca de Torres con la receta. ¡Suerte, y al pollo!

JAMÓN CURADO

Seré franca: hoy en día en España meterse con el jamón curado es peor que entrar en temas de religión, fútbol o política. A riesgo de que alguien venga a cortarme la cabeza mi objetivo se resume en dos puntos:

1. Recordar tímidamente al respetable lector que, aunque duela, se considera al jamón curado como un alimento que es mejor evitar.
2. Indicar el significado de algunas menciones que recoge la legislación para que al menos sepamos por qué unos jamones cuestan más que otros. Puestos a trasgredir las indicaciones de la OMS, hagámoslo con un producto de calidad.

TIPOS DE JAMONES SEGÚN RAZA

La sociedad ha avanzado mucho pero en cuestión de cerdos seguimos siendo tremendamente racistas. Y si no, fíjense en qué bien definidito está todo para que nos quede un jamón ibérico fetén[58].

«100% IBÉRICO»: son productos procedentes de animales con un 100% de pureza genética de la raza ibérica, cuyos progenitores tengan asimismo un 100% de pureza racial ibérica y estén inscritos en el correspondiente libro genealógico. Es decir, Mamá Pig y Papá Pig son 100% ibéricos porque así lo dice su libro genealógico. Sí, lo del árbol genealógico suena a chiste, pero es así.

«IBÉRICO»: son productos procedentes de animales con al menos el 50% de su porcentaje genético correspondiente a la raza porcina ibérica, con progenitores de las siguientes características:

- Para obtener animales del 75% ibérico, Mamá Pig será 100% ibérica inscrita en libro genealógico y Papá Pig será procedente del cruce de madre de raza 100% ibérica y padre de raza 100% Duroc, ambos inscritos en el correspondiente libro genealógico de la raza.

- Para obtener animales del 50% ibérico, Mamá Pig será 100% ibérica y Papá Pig de raza 100% Duroc, ambos inscritos en el correspondiente libro genealógico de la raza.

En cuestión de cerdos seremos unos racistas, pero queda claro que feministas también: aquí la que parte el bacalao es Mamá Pig.

A partir de aquí, mi instinto natural de conservación de la vida me impide continuar metiendo mano al sacrosanto jamón curado.

CHORIZO

La legislación define el chorizo como: «embutidos elaborados con carnes y grasa, generalmente de cerdo, aunque también pueden ser elaborados con carnes y grasa de otros animales, con un grado de picado grueso o fino, sometidos a un proceso de salazón. Se les añade pimentón como ingrediente caracterizante, aunque se les puede añadir otras especias, condimentos, ingredientes y aditivos. Son amasados y embutidos, en tripas naturales o envolturas artificiales, y sometidos a un proceso de curado-madurado, acompañado o no de fermentación, y opcionalmente ahumados, lo que les proporciona un aroma y sabor típicos».

A partir de aquí, se recogen variedades infinitas, como el chorizo criollo, chorizo cular, de cebolla, de entraña, de Pamplona, de Teror, Palmero, de Perro y Rondeño... Todas estas categorías quedan definidas en la legislación.

RADIOGRAFÍA DEL CHORIZO PERFECTO

Solo pensar en el «chorizo perfecto», como concepto nutricional, provoca sonrojo. Pero si queremos elegir el de mayor calidad elijamos siempre el de categoría extra. ¿Por qué? Porque con el apellido «extra» tenemos garantía de que el chorizo tiene una cantidad suficiente de proteínas y la menor cantidad de azúcar.

¿Y EL SALAMI, EL SALCHICHÓN Y EL LOMO ADOBADO?

También son mejores los de categoría extra.

¿Y LA SOBRASADA Y LA CHISTORRA?

En este caso no hay categoría extra. Si pone «sobrasada» y «chistorra» es porque ya cumplen unos requisitos característicos.

TONTUNAS TRAIGO: EL CHORIZO-CALABAZA

Chorizo parece, calabaza es. Concretamente calabaza con cebolla, aceite de oliva virgen extra, pimentón, sal, ajo y orégano. *A priori* los ingredientes no están mal, hasta que nos cuentan que el chorizo-calabaza se somete a un ahumado y curado tradicional. En el ahumado se forman compuestos potencialmente cancerígenos.
No, no es igual comer calabaza sola que comer chorizo-calabaza. Tampoco es igual económicamente. El chorizo-calabaza sale ¡diez veces más caro! que la calabaza ya cortada y preparada.

5 CLAVES SOBRE LAS CARNES PROCESADAS

1. El jamón de York no existe. Y si por un casual lo encuentras: huye.
2. El jamón cocido extra es el de mejor calidad; que el reclamo «extrajugoso» no te nuble.
3. Fiambre lleva la F de Feo y Fécula.
4. El jamón cocido al corte también puede ser una basura: pregunta al charcutero por la categoría.
5. El pollo lento es tendencia en Instagram, ¿a qué esperas para hacerlo?

HUEVOS

3 MITOS SOBRE LOS HUEVOS

1. SOLO SE PUEDEN COMER TRES HUEVOS A LA SEMANA

No. Este mito surgió en 1973 cuando la American Heart Association recomendó limitar la ingesta de huevos a tres por semana. Sin embargo, estudios posteriores han demostrado que esta recomendación no tiene sentido porque el colesterol de la dieta no es el responsable último del colesterol sanguíneo. En resumen, y hasta que se demuestre lo contrario, no hay problema en comer huevos a diario siempre que se cocinen de forma saludable.

2. ES RECOMENDABLE LAVAR LOS HUEVOS

No, los huevos son porosos y si los lavamos corremos el riesgo de arrastrar hacia el interior la suciedad. Si los huevos presentan «cuerpos extraños» a su alrededor, lo mejor es retirarlos con un trapo.

3. LOS HUEVOS MARRONES SON MÁS NUTRITIVOS QUE LOS BLANCOS

No, el color del huevo depende de la raza de la gallina, pero unos no son más nutritivos que otros.

RADIOGRAFÍA DEL HUEVO PERFECTO

Para elegir el huevo perfecto debes abrir la caja y mirar el código alfanumérico que llevan impresos los huevos. Nutricionalmente todos los huevos tienen un valor similar, la diferencia está en la forma de cría. Mi consejo es que elijas los huevos de las categorías 0 y 1 porque son los de gallinas que han podido ver la luz del sol.

PRIMER DÍGITO

Indica la forma de cría:

Número 3: huevos de gallinas criadas en jaulas.

Número 2: huevos de gallinas criadas en el suelo.

Número 1: huevos de gallinas camperas.

Número 0: huevos de producción ecológica.

LAS LETRAS

Son el código del estado miembro de la UE del que proceden los huevos.

RESTO DE DÍGITO

Identifican la granja de producción:

- Los dos primeros son el código de la provincia.
- Los tres siguientes son el código del municipio donde está instalada la granja.
- Los siguientes dígitos identifican cada granja dentro del municipio.

LETRA FINAL

Puede haber una letra al final del código que implica cada manada de gallinas dentro de la misma granja.

FECHA DE PUESTA

Es un marcado opcional, nos indica día, mes y año de la puesta del huevo.

CONSUMO PREFERENTE

Es un marcado opcional. No puede superar los veintiocho días desde la fecha de puesta.

LA POLÉMICA. EL HUEVO FRITO CONGELADO

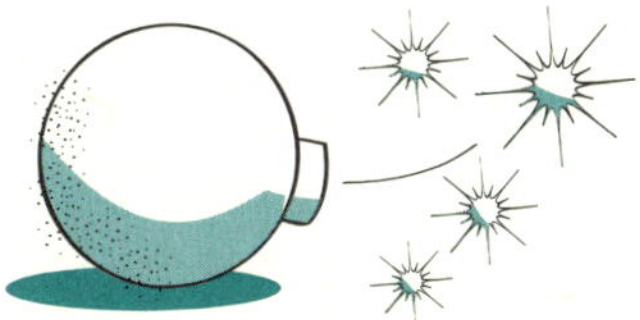

Cuando en la prensa apareció la foto de un huevo frito congelado se despertó la hilaridad generalizada. Pero no, no se trata de comprar huevos fritos congelados para casa.

La idea es de una empresa española que diseñó este producto orientándolo a la hostelería. El huevo frito congelado se hizo muy popular a raíz de que una conocida cadena de hamburguesas escogiera a esta empresa como proveedor de su curioso invento. Por si alguien tiene la duda: con la congelación la yema queda cremosa, pero no líquida. En términos de sabor y textura no tiene comparación con un huevo frito tradicional, pero como recurso para aumentar la eficiencia y la seguridad alimentaria en hostelería, no está mal.

QUE NO TE LA CUELEN. «HUEVOS DE GALLINAS CRIADAS EN EL SUELO»

En algunos envases se anuncia como cosa grande que los huevos son de gallinas criadas en el suelo. No debemos confundir «criados en el suelo» con «camperos». Los primeros son de categoría 2, y proceden de gallinas que no han visto la luz del sol.

Los huevos de categoría 0 (ecológicos) y 1 (camperos) son los que corresponden a gallinas que sí corretean al aire libre. La diferencia entre el 0 y el 1 es que en la categoría 0 las gallinas se han alimentado con pienso ecológico, pero nutricionalmente son similares.

5 CLAVES SOBRE LOS HUEVOS

1. Elige categoría 0 o 1 porque no es un tópico: pobrecitas las gallinitas.
2. Los huevos de cualquier categoría son similares desde el punto de vista nutricional.
3. Puedes comer huevos a diario si te apetece.
4. Los huevos «caducan» a los 28 días de la puesta. No te la juegues por lo que cuesta un huevo.
5. No laves los huevos: tienen poros y podrías meterles la porquería dentro.

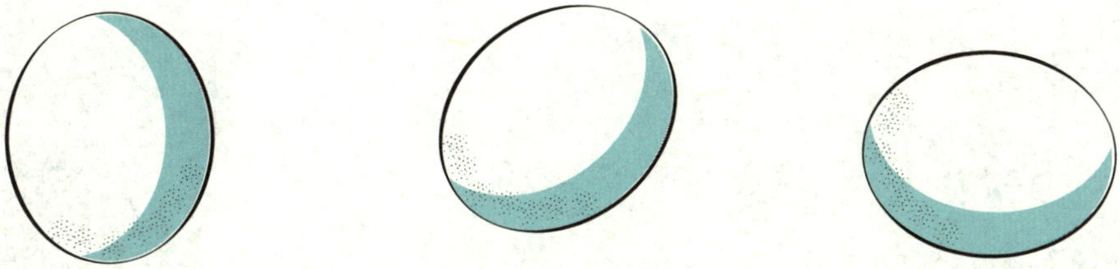

PESCADOS

En muchos hogares cuando se pronuncian las palabras mágicas «hoy tenemos pescado» se desata la tragedia. La cara de pánico se apodera de los comensales, especialmente en el sector infantil. Es una verdadera lástima porque cuando hablamos de pescado (casi) todo son ventajas.

- Si hablamos del pescado sin procesar no hay ningún tipo que se desaconseje: es saludable el pescado blanco y el pescado azul (salvo las excepciones de especies con elevado contenido de mercurio, como veremos en la página 167).
- Si hablamos del pescado procesado, aunque también se recomienda evitar los salazones o ahumados, tenemos algunas alternativas: las conservas de pescado saludables.

4 MITOS SOBRE EL PESCADO

1. EL PESCADO ES CARO

Hay pescado fresco que puede tener el mismo precio que la pechuga de pollo o incluso estar por debajo. Ejemplos de pescado barato:

- Pescado azul: jurel, boquerones, sardinas, caballa, palometa.
- Pescado blanco: bacaladilla, pescadilla.

- Cefalópodos: pota.
- Moluscos: mejillones.

Y, por supuesto, siempre nos quedará el pescado congelado. La merluza congelada es asequible y también está por debajo del precio del pollo, aunque hay quien tiene reticencias por el mito que destripamos a continuación.

2. EL PESCADO CONGELADO PIERDE SUS CUALIDADES NUTRITIVAS

El pescado congelado no tiene diferencias significativas a nivel nutricional con el pescado fresco. Hoy en día disponemos de técnicas como la ultracongelación que somete al pescado a una temperatura muy inferior a la de un congelador normal y en un periodo de tiempo más corto, con lo que se consigue optimizar su conservación.

3. AL ATÚN ROJO LO «PINTAN» PARA QUE PAREZCA MÁS FRESCO

Aunque en el pasado se ha detectado algún caso de fraude en nuestro país, la legislación prohíbe el uso encubierto de aditivos alimentarios para dar color al pescado y hoy en día el riesgo de que algo así suceda en España es realmente bajo[59].

4. EL MARISCO TIENE MUCHO COLESTEROL

De lo que se come no se cría. La hipercolesterolemia no está relacionada con el consumo de colesterol a través de los alimentos, sino con el elevado consumo de otro tipo de grasas como las grasas saturadas y las grasas trans.

La mayor parte del colesterol del marisco está en las cabezas. Sé que chupar las cabezas de las gambas y de los langostinos es un placer irrenunciable para algunos, pero, si no se chupan las cabezas, el contenido de colesterol del langostino es inferior al de otros pescados a los que no se les tiene tanto miedo. Como los calamares.

El consumo de marisco a quien más perjudica (además de a los alérgicos) es al bolsillo. Por lo demás, es un pescado de calidad nutricional, especialmente en cuanto a sus proteínas y su perfil de grasas.

MUNDO PESCADO: ¿QUÉ HAY EN EL SUPERMERCADO?

En 2018 la Secretaría General de Pesca publicó el listado de denominaciones comerciales de especies pesqueras y de acuicultura admitidas en España. Una especie de «censo» de lo que se puede vender en nuestro país. ¿Cuántas denominaciones diferentes creéis que hay? ¿100? ¿200? ¿500?

¡Aproximadamente 1.000! Así que no se piensen ustedes que esto es sardina, caballa y rey. Tenemos de todo. Desde la A de abade hasta la Z de zapata, pasando por el globito tierno, el peine de china, el pulpo kraken o el tiburón lagarto. Como curiosidad, merece la pena darse una vuelta por el BOE[60] porque los nombres son de película. De Disney o de terror, hay para todos los gustos.

RADIOGRAFÍA DEL PESCADO PERFECTO

Aunque no es un alimento imprescindible, consumir pescado siempre es buena opción. Sea el pescado que sea. Consejos a la hora de elegir pescado:

1. PESCADO FRESCO: además del precio, que es una de las principales preocupaciones del consumidor, según la legislación[61]

es obligatorio que el pescado fresco se muestre correctamente identificado. Estos ítems son obligatorios:

- La especie, incluyendo denominación comercial y nombre científico. Ejemplo: Merluza/Merluccius merluccius.
- El método de producción. Ejemplo: «capturado en agua dulce» o «de cría».
- La zona de captura o cría del producto. En el caso de los productos capturados en el mar las zonas están delimitadas por la FAO y se representan con las siglas FAO seguidas de un número. Si buscas pescados españoles (que es lo suyo), conviene que tengas presentes estos números: 27 (Atlántico noreste), 34 (Atlántico centro-este), 47 (Atlántico sureste) y 37 (Mediterráneo).
- La categoría del arte de pesca. Ejemplo: redes de arrastre, palangres de fondo, rastras para embarcación, etc.
- Si el producto ha sido descongelado.
- La fecha de duración mínima si procede.

Si alguno de estos puntos no está visible en la pescadería, el consumidor puede reclamarlo.

2. PESCADO CONGELADO: si vas a comprar pescado congelado, elige aquel en cuya lista de ingredientes figure únicamente el pescado que se ha congelado. Por ejemplo:

- Ingredientes: merluza.

3. PESCADO EN CONSERVA: las populares son las conservas de atún, ventresca, caballa y similares. La conserva ideal es la que se presenta al natural o en AOVE. Hay que vigilar que el contenido de sal no sea elevado (inferior al 1%).

- **Ejemplos SÍ:** (A) atún claro, agua y sal. (B) Atún claro, aceite de oliva virgen extra y sal.
- **Ejemplo NO:** atún claro, aceite de girasol y sal.

PREGUNTAS QUE SIEMPRE QUISISTE HACER SOBRE EL PESCADO

1. ¿QUÉ PESCADOS TIENEN MAYOR CANTIDAD DE MERCURIO?

Los peces de gran tamaño (por aquello de que el pez grande se come al pez chico), como **el pez espada, el tiburón, el atún rojo y el lucio** ¡Importante! Hay que distinguir el atún rojo del popular «atún de lata», cuyo contenido en mercurio es mucho menor.

¿CUÁL ES LA RECOMENDACIÓN DE CONSUMO DE PESCADO EN NIÑOS Y EMBARAZADAS?

Según AECOSAN[62], las recomendaciones para el consumo de pez espada, tiburón, atún rojo (*Thunnus thynnus*: especie grande, normalmente consumida en fresco o congelada y fileteada) y lucio son:

1. **Mujeres embarazadas o que puedan llegar a estarlo o en período de lactancia.** Evitar el consumo.
2. **Niños < 3 años.** Evitar el consumo.
3. **Niños 3–12 años**. Limitar a 50 gr/semana o 100 gr/2 semanas (no consumir ningún otro de los pescados de esta categoría en la misma semana).

2. ¿CUÁNTO TIEMPO TENGO QUE CONGELAR EL PESCADO PARA EVITAR EL ANISAKIS?

Desde 2006 un Real Decreto obliga a los restaurantes a congelar durante 24 horas el pescado que se va a servir crudo o poco cocinado (ahumado, marinado).

Aunque tradicionalmente la recomendación para la congelación casera era congelar 2 días a -20 °C (con esa temperatura y ese tiempo el bicho acaba bien muerto), en la práctica es difícil alcanzar esa temperatura en casa. Nuestros congeladores no son tan potentes como en los restaurantes y además abrimos la nevera como si fuera un armario para elegir la ropa, que diría mi madre.

Si congelamos en casa, la recomendación de AECOSAN[63] es congelar al menos cinco días a -20 °C si no estamos seguros de que el pescado se va a cocinar a más de 60 °C en todos sus puntos. Es decir, con un pescado que metemos en el horno a 180 °C más de diez minutos no habría problema. Pero con técnicas como el microondas o la fritura, donde quizá no podemos garantizar esos 60 °C en todos los puntos, habría que congelar esos **CINCO DÍAS**.

¡OJO! Si nuestro congelador es inferior a 3 estrellas, la AESAN recomienda comprar directamente pescado congelado.

¿SABES LO QUE SIGNIFICAN LAS ESTRELLAS DE TU CONGELADOR?

LAS ESTRELLAS SIGNIFICAN LOS GRADOS QUE CONGELAN.
1* -6 ºC, 2* -12 ºC, 3* -18 ºC Y 4* HASTA -24 ºC.

3. ¿QUÉ PESCADOS PUEDEN TENER ANISAKIS Y CUÁLES NO?

PESCADOS QUE SÍ:

- Boquerones en vinagre y otros pescados en escabeche.
- *Sashimi, sushi, carpaccios* y otras especialidades a base de pescado crudo.
- Pescado marinado, como por ejemplo ceviche.
- Huevas de pescado crudas o prácticamente crudas.
- Arenques y otros pescados crudos preparados en salmuera o ligeramente salados.
- Pescados marinos sometidos a ahumado en frío.

Cuando estos productos se compran elaborados, la congelación ya la ha realizado el productor o fabricante. Ejemplo: salmón ahumado.

PESCADOS QUE NO:

- Las ostras, mejillones, almejas, coquinas y demás moluscos bivalvos.
- Los pescados de aguas continentales (ríos, lagos, pantanos...) y piscifactorías de agua dulce. Por ejemplo: truchas, carpas...

- Las semiconservas como las de anchoas (en envase metálico, de vidrio u otras presentaciones).

- Los pescados desecados salados de manera tradicional, como el bacalao o las mojamas.

4. ¿SE PUEDEN VENDER PESCADOS CON ANISAKIS?

Según AECOSAN, la legislación europea y española obliga a que los productos de la pesca no se pongan a la venta con parásitos visibles. Ojo, porque en la palabra «visibles» está la clave.

5. ¿QUÉ ES LA ESCOMBROIDOSIS?

Los escómbridos son una familia que incluye el atún, el bonito, la caballa o las sardinas. Son muy ricos en histidina, un aminoácido esencial. La histidina no solo es inofensiva sino que es necesaria para el buen funcionamiento del cuerpo humano. Sin embargo, si el pescado no se conserva en las condiciones adecuadas de refrigeración, las bacterias transforman la histidina en histamina. Y consumir grandes cantidades de histamina provoca una intoxicación llamada **escombroidosis**.

6. ¿A SIMPLE VISTA, PODEMOS DISTINGUIR UN PESCADO CON ESCOMBROIDOSIS?

No es posible distinguir a simple vista un pescado contaminado de otro que no lo está. La responsabilidad recae en las empresas de alimentación: **el enfriamiento rápido del pescado inmediatamente después de ser capturado** es la medida más eficaz para prevenir la acumulación de histamina. En la legislación[64] se indica claramente que el pescado debe ser congelado a menos de -18 °C tras su captura para evitar que se pongan en marcha los mecanismos de la degradación.

Otra mala noticia es que la histamina es un compuesto resistente que no desaparece con el cocinado del producto.

LA POLÉMICA. UN PEZ LLAMADO PANGA

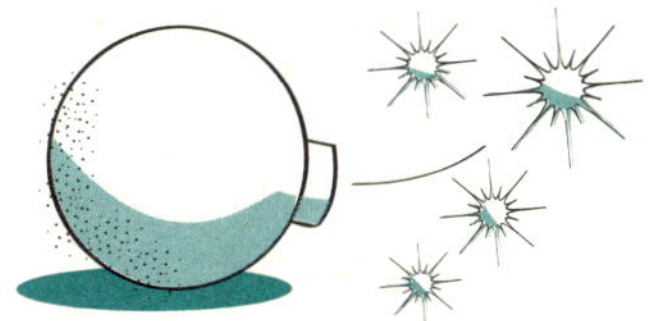

La tirria al pescado panga no viene de ayer. Comenzó cuando la panga se hizo fuerte en los menús escolares. Los padres leían los menús sin saber muy bien lo que era la panga. Pero de primeras, sonaba chungo. Cuando los padres se enteraron de que la panga venía cruzando medio mundo, desde el mismísimo Vietnam y que las razones de su inclusión eran más económicas que nutritivas, las protestas no se hicieron esperar.

1. ¿COMER PANGA ES SEGURO?

La panga se cría en el río Mekong, que está lleno de contaminantes, como mercurio y herbicidas. Es razonable pensar que esta porquería puede acabar en los peces, y de los peces a nuestro estómago. Pese a ello, el Ministerio de Sanidad advierte de que no hay que temer porque todo el pescado importado es sometido a control.

La AECOSAN indica que es habitual encontrar niveles de mercurio en la panga, pero que no superan el límite legal marcado por la EFSA (Autoridad Europea de Seguridad Alimentaria). La AECOSAN admite también la presencia de un herbicida (trifuralina) no autorizado en la UE, pero en una cantidad que no es tóxica.

2. ¿COMER PANGA REALMENTE «ALIMENTA»?

Comparando panga con la merluza, la panga tiene algo menos de proteína (13,4 g vs. 15,9 g por cada 100 g) y menos de la mitad de ácidos grasos omega 3. No es un «chollo nutricional», aunque la diferencia tampoco es para rasgarse las vestiduras.

3. PANGA ¿SÍ O NO?

Estos peces no se crían en las mejores condiciones y pueden desarrollarse problemas medioambientales derivados de su consumo, pero los análisis muestran que el nivel de contaminantes que llega al que consume panga es tolerable.

La pregunta es: si nutricionalmente la panga no es mejor que los pescados de nuestras costas, ¿tiene sentido abandonar el consumo local por unos durillos? ¿Tenemos que cruzar medio mundo para traer pescados del Mekong? Como decía mi abuela Adela: **«Quien bien tiene y mal escoge, del mal que le venga que no se enoje»**.

QUE NO TE LA CUELEN. PATÉS Y HAMBURGUESAS DE PESCADO

A mucha gente le cuesta comer pescado, especialmente a los niños. Y puede que estos formatos triunfen por acallar nuestra conciencia: «al menos así comen algo de pescado». Pero no nos engañemos: los patés de pescado tienen un 30-50% de pescado y las hamburguesas de pescado, un 60-80%. El resto serán ingredientes como aceite de girasol, mantequilla, almidón, tapioca, azúcar, sal, espesantes, estabilizantes, potenciadores de sabor, aromas y otros sospechosos habituales de relleno, que no aportan nada y son prescindibles.

Estos productos pueden despistarnos del objetivo inicial: comer pescado. Si acostumbramos a nuestras criaturas a comer atún con un sabor enmascarado entre fécula, azúcar, aromas y potenciadores del sabor, puede que el día que le plantemos un filete de atún como mandan los cánones rechacen el sabor *porque les sepa mucho a pescado*.

EL *ZORROMOSTRO* DEL PESCADO

Hamburguesas mini de merluza empanada con sabor a bacon. Aunque no se lo crean, eso existe. Tienen un 60% de merluza y el resto es pura fantasía. Juzguen ustedes mismos.

Ingredientes: merluza (60%), harina de maíz y arroz, aceite de girasol, agua, almidón, sal, dextrosa de maíz, azúcar, espesantes (carragenanos y goma xantana), almidón modificado de maíz, especias, emulgente (monoglicéridos y diglicéridos de ácidos grasos), aroma, aroma de humo y antioxidante (extracto rico en tocoferoles). **Puede contener trazas de leche y huevo.**

5 CLAVES SOBRE EL PESCADO

1. El atún en conserva al natural o en AOVE puede ser tu mejor amigo.
2. Para acabar con el anisakis se recomienda congelar a la víctima a −20 °C durante cinco días.
3. Las embarazadas, lactantes y criaturas menores de tres años no deben comer pez espada, tiburón, atún rojo y lucio por la presencia de mercurio y otros metales chungos.
4. La panga, la tilapia y otros patitos feos no son la mejor opción nutricional pero tampoco son tóxicos.
5. Todo el mundo debería abstenerse de comer sucedáneo de pescado. Por respeto a uno mismo.

ACEITES, MANTEQUILLAS Y MARGARINAS

GRASAS BUENAS, FEAS Y MALAS

Hasta hace poco mentar a las grasas era como mentar a Satán: todas eran malas. Después supimos que no era así e incluso la American Heart Association (AHA) publicó una peculiar infografía jugando con la película *El bueno, el feo y el malo*[65]. Según la AHA también hay grasas buenas, feas y malas:

GRASAS BUENAS: son las monoinsaturadas y poliinsaturadas, como las del aceite de oliva y el aceite de girasol. En este grupo también está el aceite de colza, la grasa de los frutos secos, del pescado azul o del *instagrameable* aguacate. Son grasas que no solo no son malas, sino que debemos consumir dentro de una dieta saludable.

GRASAS MALAS: son las saturadas, como las de origen animal o los lácteos. Al igual que en un principio se creía que todas las grasas eran «malas» y después se supo que no era igual el aceite de oliva que las grasas trans, hoy sabemos que no todas las grasas saturadas son iguales. Dentro de ellas hay «rangos de maldad» y su potencial aterogénico (la capacidad de la grasa para quedarse pegada a las arterias) depende de factores como la longitud de la cadena del ácido graso. Los ácidos grasos de cadena corta no son tan fieros como nos los pintaban.

GRASAS FEAS: las feas feísimas serían las hidrogenadas y las trans. El ejemplo clásico de estas últimas son las grasas presentes en la bollería industrial y en muchos productos ultraprocesados.

MUNDO ACEITES Y MANTEQUILLAS: ¿QUÉ HAY EN EL SUPERMERCADO?

Hablar de grasas es hablar de parejitas enfrentadas. En el pasillo de los aceites se desafían en un duelo sempiterno el aceite de oliva y el aceite de girasol. Por otro lado, en el pasillo de las grasas, se encuentra la mantequilla mirando con recelo a la margarina. ¿Quién gana en cada pareja y por qué? En el primer caso parece claro. En el segundo, no tanto.

ACEITES

RADIOGRAFÍA DEL ACEITE PERFECTO

En dos palabras: elige AOVE.

AOVE son las siglas *Aceite de Oliva Virgen Extra*. Y así, sin más, tenemos la radiografía de la grasa perfecta. ¿Por qué utilizamos otras grasas si lo tenemos tan fácil? El AOVE no siempre es caballo ganador por tres motivos:

1. ECONÓMICOS: el aceite de oliva virgen o virgen extra cuesta unas cinco veces más que el aceite de girasol. La sequía sigue dejando víctimas y una de ellas son los olivos, que han visto disminuida su producción.

2. TECNOLÓGICOS: esa forma de fundirse en la boca, tan característica de las coberturas de chocolate, se consigue gracias a la mantequilla, margarina o la grasa de palma. El aceite de oliva no es sólido a temperatura ambiente como estas grasas y no tiene esta ventaja.

3. MODA: nadie es profeta en su tierra. Y aunque el AOVE sea un «chico 10» y en España tengamos más olivos que cocoteros, si un gurú en Instagram dice que cocinar con aceite de coco es mejor, miles de adeptos fieles abrazarán su doctrina sin pararse a pensar si realmente tiene sentido (véanse páginas 187 y 188).

PREGUNTAS QUE SIEMPRE QUISISTE HACER SOBRE EL ACEITE

1. ¿CUÁL ES LA DIFERENCIA ENTRE EL ACEITE DE OLIVA VIRGEN Y EL ACEITE DE OLIVA VIRGEN EXTRA?

El aceite de oliva virgen se obtiene por procedimientos mecánicos extrayendo el zumo de la aceituna de forma natural, sin emplear disolventes. A partir de aquí podemos tener dos tipos de aceite:

AOVE O ACEITE DE OLIVA VIRGEN EXTRA: es un aceite **sin defectos** con una acidez menor de 0,8 °C.

ACEITE DE OLIVA VIRGEN: es un aceite **con defectos de intensidad leve** con una acidez entre 0,8 y 2 °C.

Desde el punto de vista nutricional los dos conservan los antioxidantes característicos del aceite de oliva y son una buena opción. Desde el punto de vista del sabor y el aroma sí hay diferencias debido a los defectos. Los defectos suelen aparecer por una mala conservación de la aceituna, por ejemplo, por golpes al producto en las cargas y descargas, por amontonamientos excesivos, por exposición incorrecta a luz, calor o humedad, porque la maquinaria le transfiera algún aroma, etc. En principio, cuanto menores sean los defectos, mayor será la calidad del aceite.

2. ¿QUÉ ES EL ACEITE DE OLIVA «REFINADO»?

En el refinado el aceite se calienta a altas temperaturas y se somete a distintos procesos químicos para neutralizar los defectos. El resultado es una grasa vegetal neutra a la que, para dar vidilla, se añade aceite de oliva virgen en un porcentaje variable (sobre 15-20%). Es decir, añaden aceite «del bueno» al aceite refinado para que sea más parecido al aceite de oliva virgen y tenga algo de sabor, aroma, color, etc.

LO «MALO» DEL ACEITE DE OLIVA REFINADO: el proceso de refinado es agresivo. Se neutralizan los defectos pero se paga un peaje: la pérdida de los antioxidantes, que en el fondo son «la gracia» del aceite de oliva virgen y virgen extra.

LO «BUENO» DEL ACEITE DE OLIVA REFINADO: aunque el aceite de oliva se refine y pierda los antioxidantes, sigue estando compuesto principalmente de ácidos grasos monoinsaturados. Es decir, con o sin polifenoles, su perfil lipídico sigue siendo saludable.

3. ACEITE DE OLIVA SUAVE VS. ACEITE DE OLIVA INTENSO

Lo de «suave» o «intenso» suena muy bien, pero no nos olvidemos de que si no pone «virgen» o «extra» sigue siendo un aceite de oliva ramplón. **El aceite de oliva *suave* es un aceite de oliva refinado** con una acidez sobre 0,4 grados y **el aceite de oliva *intenso* también es un aceite de oliva refinado** con una acidez sobre 1 grado. Es un bonito barniz marketiniano que además lleva a muchas personas a comprar el «suave» pensando que será mejor, pero ninguno de los dos tiene las características del aceite de oliva virgen o virgen extra. Los sabores se definen principalmente por la variedad de la aceituna (arbequina, más suave; picual, más intenso.

SI EL ACEITE DE OLIVA NO LLEVA EL APELLIDO «VIRGEN», ES DE PEOR CALIDAD. SI TU BOLSILLO LO PERMITE, ELIGE ACEITE DE OLIVA VIRGEN O VIRGEN EXTRA.

4. ACEITE DE OLIVA VS. ACEITE DE GIRASOL, ¿CUÁL ES MEJOR?

Entre los tres tipos de grasas (buenas, feas y malas), el aceite de oliva y el aceite de girasol son del grupo de las «buenas». Sin embargo, son muy distintos desde el punto de vista organoléptico y nutricional.

El aceite de girasol es hasta diez veces más rico que el aceite de oliva en vitamina E pero, aunque sobre el papel suene muy bien, en realidad en el aceite de oliva ya hay una cantidad de vitamina E considerable. Si comparamos el tipo de ácidos grasos, el aceite de oliva es superior porque en él predominan los ácidos grasos monoinsaturados (en especial el oleico), en lugar de los poliinsaturados (principalmente linoleico), más presentes en el aceite de girasol. Consumir ácidos grasos monoinsaturados se asocia a un menor riesgo cardiovascular.

5. ¿QUÉ ES EL ACEITE DE GIRASOL «ALTO OLEICO»?

Es una variedad del aceite de girasol con mayor porcentaje de ácidos grasos monoinsaturados. Puede llegar a tener mayor porcentaje incluso que el aceite de oliva. Es más caro que el aceite de girasol pero más barato que el de oliva virgen. El problema es que no solo de ácidos grasos monoinsaturados viven las grasas cardiosaludables y el aceite de girasol alto oleico tampoco tiene los compuestos bioactivos del AOVE.

El estudio PREDIMED[66] observó que una dieta rica en aceite de oliva, sobre todo si es virgen, protege frente a enfermedades cardiovasculares y diabetes debido a estos compuestos bioactivos. La conclusión del Consenso sobre grasas y aceites para la población española adulta publicado por FESNAD[67] es: **más que la recomendación de ingerir una cantidad concreta de ácidos grasos monoinsaturados, en España hay que insistir en el uso del aceite de oliva virgen como grasa culinaria principal.**

6. ¿ES MEJOR COCINAR CON ACEITE DE OLIVA VIRGEN O CON ACEITE DE GIRASOL?

Al calentar ambos aceites a altas temperaturas sus moléculas se oxidan produciendo peróxidos, aldehídos y cetonas. Esto da lugar a compuestos tóxicos para las células (los temidos radicales libres) que están relacionados con el cáncer. **Las grasas monoinsaturadas del aceite de oliva son más estables y resisten mejor las altas temperaturas que las grasas poliinsaturadas del aceite de girasol**, ya que estas últimas se oxidan con más facilidad. Por tanto, cocinar con aceite de oliva se considera más saludable.

Podríamos pensar que las variedades de aceite de girasol «alto oleico» que contienen incluso mayor porcentaje de ácidos grasos monoinsaturados que el aceite de oliva serían más estables en cuanto a la oxidación. Pero no es tan sencillo: los polifenoles del aceite de oliva también ayudan a resistir la oxidación a medida que se calientan.

7. ¿EL ACEITE DE OLIVA VIRGEN EXTRA SE PUEDE UTILIZAR PARA FREÍR?

Aunque algunos se empeñan en decir lo contrario, por supuesto que se puede freír con AOVE. La pena, penita, pena es que al calentar el aceite a elevadas temperaturas pierde parte de sus cualidades organolépticas. Una solución a la que se llega en muchos hogares es cocinar con aceite de oliva virgen y reservar el AOVE únicamente para su consumo en crudo (tostadas, aliño de ensalada, etc.). Si no podemos asumir el precio, optemos por aceite de girasol o aceite de oliva.

ACEITE DE COLZA: EL VERSO SUELTO

En 1981 se cometió un fraude en algunas partidas de aceite de colza en España provocando la intoxicación de miles de personas (5.000 muertes directas). Muchas personas siguen hoy sufriendo las consecuencias del «síndrome del aceite tóxico» o «síndrome tóxico». Este dramático suceso cambió el destino del aceite de colza en nuestro país.

1. ¿EL ACEITE DE COLZA ES SEGURO?

El aceite de colza es un aceite saludable, rico en grasas monoinsaturadas y más rico en omega 3 que otras grasas vegetales. Nutricionalmente es superior al aceite de girasol aunque no llega a ser fetén como el AOVE. Su uso no está prohibido en España y se emplea en algunos productos.

2. ¿CÓMO LO LOCALIZO EN LAS ETIQUETAS?

Puede aparecer como «aceite de colza» o como «aceite de nabina» para evitar la palabra maldita. El primo guapo del aceite de colza es el aceite de cánola. A partir de la selección de unas semillas se obtiene un aceite de colza mejorado, con menor contenido de ácido erúcico y glucosinolatos, que pueden ser perjudiciales.

ACEITE DE COLZA, ¿SÍ O NO?

Aceite de colza sí. Por supuesto que sí. Si la adulteración se hubiera realizado sobre el aceite de girasol o el aceite de oliva, ¿tendría sentido seguir «vetándolos» hasta la fecha?

MANTEQUILLA Y MARGARINA

1. ¿QUÉ ES LA MANTEQUILLA?

La mantequilla se obtiene batiendo y amasando la nata de la leche. Con este proceso transformamos la leche, que es una emulsión de grasa en agua, en mantequilla, que es una emulsión de agua en grasa. Tradicionalmente se ha considerado un producto más «natural» que la margarina porque su ingrediente principal es la nata de la leche, que viene de la vaca, mientras que la margarina se asocia a un proceso artificial.

2. ¿QUÉ ES LA MANTEQUILLA *LIGHT*?

Un producto *light* es el que contiene un 30% menos de un determinado nutriente con respecto a su producto estándar. La mantequilla estándar tiene un 80% de grasa y la mantequilla ligera o *light* tiene un 40%.

Al tener menos grasa se le añaden ingredientes como agua y leche y para que todo esto emulsione y se quede bien armadito se necesitan unos aditivos, que son los emulgentes. Sin emulgentes no habría forma humana de hacer mantequilla *light*. Aunque la legislación no permite que la mantequilla-mantequilla contenga determinados aditivos como los emulgentes, hay una excepción en el Reglamento (UE) Nº 1308/2013[68], por la cual las presentaciones con la mención «*light*» o «ligera» sí pueden llevar estos aditivos emulgentes.

3. ¿QUÉ ES LA MARGARINA?

Al igual que la mantequilla, la margarina es una emulsión de agua en grasa. La diferencia es que las grasas de la margarina son de origen vegetal (o con un pequeño porcentaje de grasa láctea) y el producto tiene una consistencia más untuosa. Vamos, que se extiende mucho mejor.

Para conseguir la untuosidad propia de la margarina, esta inicialmente contenía un porcentaje importante de grasas trans (de las feas) en su composición. Hoy se fabrican margarinas con una proporción de grasas trans mucho menor[69]. A la margarina se le suelen añadir vitaminas A, D y E o calcio. ¿Por qué? Quizá la idea sea «compensar» y añadir nutrientes propios de la leche para conseguir que el producto se parezca lo más posible a su hermana mayor, la mantequilla.

4. ¿LA MARGARINA PUEDE AYUDAR A REDUCIR EL COLESTEROL?

Hemos crecido con la cantinela de que tal o cual margarina te ayuda a controlar tus niveles de colesterol. Es cierto que la margarina fue pionera en introducir fitoesteroles (véase páginas 53-54) en su composición con el objetivo de reducir el colesterol. La cuestión es: ¿realmente tiene sentido utilizar un producto que tiene grasas poco saludables para reducir el colesterol?

En mi opinión la respuesta es no. Menos aún cuando el consumo de aceite de oliva virgen o AOVE, por sí mismo, sin necesidad de añadir nada, está asociado a un menor riesgo de enfermedad cardiovascular.

5. MANTEQUILLA VS. MARGARINA, ¿CUÁL ES MEJOR?

La historia de la mantequilla vs. la margarina ha ido evolucionando (en bucle) a lo largo de la historia. En el principio de los tiempos, cuando las cuestiones nutricionales empezaron a preocuparnos, se consideraba que la mantequilla era mejor porque era un producto más «natural» (su origen vacuno estaba claro) mientras que la margarina era un producto artificial.

Después cambiaron las tornas: empezamos a considerar que las grasas saturadas de la mantequilla no eran buenas y nos entregamos a los brazos de la margarina porque sus grasas eran «vegetales». Suponíamos en aquel momento que, por ser de origen vegetal, la grasa sería mejor.

El amor incondicional a la margarina nos duró hasta que se extendió la idea (cierta) de que las grasas vegetales no eran todas iguales y que precisamente algunas de las que tiene la margarina (como la grasa de palma o las grasas trans) no eran como para aplaudirlas. Llegados a ese punto, volvimos a la casilla inicial considerando la mantequilla como mejor opción.

¿En qué punto estamos ahora? Por suerte hoy tenemos en el mercado margarinas que se fabrican con menos grasas trans y otros aceites vegetales de mejor calidad. ¿Esta opción es más saludable que la mantequilla? Es prácticamente imposible saberlo. La legislación española no obliga a declarar la cantidad de grasas trans que contienen los alimentos, por lo que la valoración se hace complicada.

Resumiendo: ¿cuál elijo? Ninguna de las dos es una buena opción: lo ideal es tomar aceite de oliva virgen o AOVE.

LA POLÉMICA. EL ACEITE DE PALMA

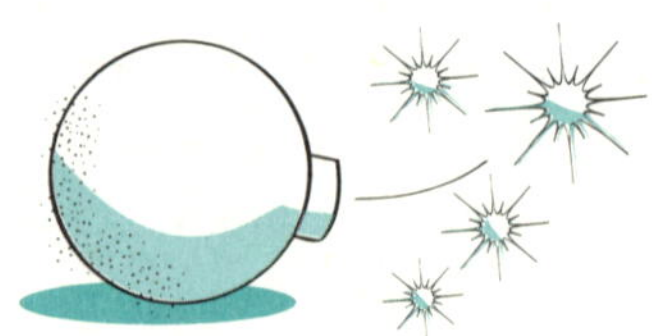

1. ¿QUÉ ES EL ACEITE DE PALMA?

El aceite de palma se extrae del fruto de la palma, que en fino latín se conoce como *Elaeis guineensis*. Igual que el aceite de oliva se extrae de la aceituna, el de palma se extrae de este fruto. A diferencia del aceite de oliva rico en ácidos grasos monoinsaturados, el aceite de palma está compuesto en un 50% por ácidos grasos saturados. Y, casualmente, algunos de los ácidos grasos saturados del aceite de palma son los que salen peor parados por sus efectos en la salud. Pueden aumentar el colesterol «malo» y el riesgo de enfermedad cardiovascular.

2. ¿CUÁNTA CANTIDAD MÁXIMA DE ACEITE DE PALMA SE CONSIDERA «SEGURO» CONSUMIR?

Esta es la pregunta del millón, pero no existe la respuesta deseada. La EFSA no ha fijado un valor mínimo «saludable» de ingesta de ácidos grasos saturados, con el argumento de que la relación entre la ingesta de ácidos grasos saturados y el aumento del colesterol LDL (malo) es continua. Según este criterio no puede establecerse un umbral por debajo del cual no haya efectos adversos. La recomendación es: el consumo de aceite de palma debe ser tan bajo como sea posible en el contexto de una dieta nutricionalmente adecuada.

3. ¿CUÁNTO SERÍA LO MÁS BAJO POSIBLE DENTRO DE UNA DIETA NUTRICIONALMENTE ADECUADA?

Se recomienda que las kcal que provienen de las grasas saturadas totales no superen el 7% de las kcal de la dieta diaria. Según el estudio ENRICA[70], el consumo de grasas saturadas en adultos supera el 7% y aporta el 10-12% de las kcal totales. Dado que el 50% del aceite de palma son ácidos grasos saturados y ya vamos sobrados, insisto: cuanto menor sea el consumo, mejor.

4. ¿QUÉ PRODUCTOS TIENEN ACEITE DE PALMA?

Love is in the air y el aceite de palma, *everywhere*. Puedes encontrarlo en productos ultraprocesados, como los precocinados (lasañas, *pizzas, nuggets*), en las «inocentes» y socorridas sopas de sobre, en el pan de molde, bollería industrial, bombones, *snacks*, helados, etc.

Donde no hay «riesgo» de ingerir aceite de palma es en alimentos «sin etiqueta», como carne, pescado, fruta, verdura o legumbres. Si evitamos los ultraprocesados (algo deseable por muchos más motivos), evitamos el aceite de palma.

LOS MIL NOMBRES DEL ACEITE DE PALMA

A veces es necesario sacar la lupa porque se identifica en algunas etiquetas con el nombre de *aceite de palma, palmiste, manteca de palma, oleína*, etc. Desde 2014 la legislación obliga a especificar que un producto contiene aceite de palma, y no vale el truco de poner «grasas vegetales» para jugar al despiste.

Y no, no nos engañan. No podemos hablar de «aceite de palma oculto» porque en el envase lo pone. Sin embargo, sí sería deseable que la legislación obligara a que la presencia de ingredientes no saludables quedara más clara en el envase.

5. ¿SON MEJORES LOS PRODUCTOS LIBRES DE ACEITE DE PALMA?

En los productos ultraprocesados el aceite de palma suele ir acompañado de otras amistades peligrosas, como harinas refinadas, azúcares o una excesiva cantidad de sal. En resumen: un bollo sin aceite de palma al que se le sustituye el aceite de palma por otras grasas sigue siendo un bollo. Un bollo con su azúcar, su harina refinada, sus otras grasas no saludables y su mínimo interés nutricional. El problema no es solo el aceite de palma, sino la basurilla adicional en los productos ultraprocesados que llevan aceite de palma.

QUE NO TE LA CUELEN. EL ACEITE DE COCO: EL CHICO PARA TODO

Para hacerse mascarillas, para el acné, para blanquear los dientes... ¡y hasta para las hemorroides! El aceite de coco es el nuevo chico para todo. La mala noticia es que no hay evidencia científica de que sea útil para nada de lo anterior. Y tampoco la hay de muchas de las bondades que se le atribuyen desde el punto de vista nutricional. El aceite de coco es el rey de Instagram y no hay ***influencer healthy*** que se precie que no incluya el aceite de coco entre sus recomendaciones.

CUANDO DICEN QUE UN PRODUCTO NATURAL VALE PARA TODO, LO NORMAL ES QUE NO VALGA PARA NADA.

1. ¿CUÁL ES LA COMPOSICIÓN DEL ACEITE DE COCO?

El aceite de coco está compuesto en un 82% por ácidos grasos saturados. En el caso del coco, es cierto que el 50% de los ácidos grasos saturados corresponden al ácido láurico, que podría tener algún efecto beneficioso.

2. ¿QUÉ DICE LA CIENCIA SOBRE EL ACEITE DE COCO?

El resultado de una revisión de 2016[71] rebate las teorías populares que cantan las bondades del aceite de coco para reducir el riesgo cardiovascular. Su conclusión es más bien contraria: reemplazar el aceite de coco por ácidos grasos insaturados (como los del aceite de oliva) podría reducir el riesgo cardiovascular.

El documento de posición de la AHA de 2017 sobre grasas y enfermedad cardiovascular sigue esta línea: no recomienda el consumo del aceite de coco, ya que no se encontró relación entre su ingesta y beneficios cardiovasculares[72].

3. La afirmación «cuñada»

«Pues en Filipinas, Indonesia y Polinesia consumen aceite de coco y están más sanos que una manzana».

Respuesta: aunque parezca increíble, los polinesios, además de aceite de coco, se alimentan de muchas frutas, verduras y pescado. Es decir, la dieta en su conjunto es cardiosaludable y no podemos atribuir todo el mérito al coco.

Aceite de coco, ¿sí o no?

El aceite de coco es maravilloso como alternativa gastronómica. Por ejemplo, si vas a hacer algún tipo de *curry* o plato exótico. Más allá de esto, en el día a día, no tiene sentido sustituir el aceite de oliva por el aceite de coco. En primer lugar porque no ha demostrado mayores beneficios para la salud y en segundo, porque en España tenemos más olivos que cocoteros. A la hora de elegir los alimentos no debemos fijarnos solo en si son o no saludables, sino también en el impacto que su consumo tiene sobre la sostenibilidad.

5 CLAVES SOBRE EL ACEITE Y LA MANTEQUILLA

1. Elige siempre **AOVE**, que es la forma resultona de nombrar al **A**ceite de **O**liva **V**irgen **E**xtra.
2. La mantequilla tiene grasa de la leche y la margarina tiene grasa vegetal: ¡evita las dos por igual!
3. El aceite de colza o de cánola es saludable. Superemos el síndrome tóxico.
4. El aceite de palma no es belcebú pero si no lo tomas, mejor.
5. Que no te coman el coco con el aceite de coco.

AZÚCAR Y EDULCORANTES

AZÚCAR

MUNDO AZÚCAR: ¿QUÉ HAY EN EL SUPERMERCADO?

Vayamos al grano. *Azúcar moreno, azúcar integral, azúcar mascabado, panela, sirope de agave, sirope de arroz, jarabe de arce o jarabe de capullito de alelí*: todos, toditos, todos son primos hermanos. Todos contienen azúcares en torno al 70%-80%, y muchos de ellos en un porcentaje superior al 90%. El problema es que estas alternativas suenan mejor porque parecen «más naturales». Olvidamos que lo natural, como la cicuta, no siempre es saludable.

5 MITOS SOBRE EL AZÚCAR

1. HAY QUE COMER AZÚCAR PORQUE ES LA GASOLINA DEL CEREBRO

Es cierto que nuestro cerebro necesita glucosa para funcionar. Pero también es cierto que puede obtenerla a partir de hidratos de carbono complejos, como los que se encuentran en cereales, legumbres, verduras y frutas.

Los hidratos de carbono complejos están formados por largas cadenas de hidratos de carbono simples —como la glucosa— que van dándose la manita. Gracias a unas enzimas que funcionan como unas «tijeras», los hidratos de carbono complejos se rompen en trocitos dentro de nuestro organismo y se convierten en simples. Así conseguimos que el azúcar se absorba poco a poco en lugar de llegar a la sangre de golpe. Una persona sana, que no se dedica al deporte de alta intensidad, no necesita consumir azúcares simples. De hecho, en Europa hasta la Edad Media no teníamos el placer de conocer el azúcar.

2. EL AZÚCAR BLANCO CONTIENE «QUÍMICOS TÓXICOS»

El mito de que el azúcar blanco lleva «cal» surge porque en su extracción se utilizan compuestos como el hidróxido de calcio, un coadyuvante tecnológico. Lo que algunos se olvidan de contar es que los coadyuvantes que se utilizan con una función concreta en el proceso de extracción del azúcar después se eliminan y no están presentes en el producto final. A veces no es posible eliminarlos del todo y quedan en una cantidad residual permitida por la legislación al considerarse completamente segura. En resumen: el azúcar blanco no es tóxico y si hay algún «invitado» en la fiesta lo está en una cantidad tan pequeña que no supone riesgo para la salud.

3. EL AZÚCAR DE CAÑA INTEGRAL ES MÁS SALUDABLE QUE EL AZÚCAR BLANCO

Hablar de cereales integrales como «más saludables» tiene sentido porque, como comentábamos en la página 67, conserva las tres partes del grano y su valor nutricional es significativamente mayor.

Hablar de azúcar integral como «más saludable» no tiene sentido porque se trata de productos que en vez de un 100% de azúcares contienen un 96% de azúcares. El porcentaje restante es una mezcla en la que efectivamente puede haber vitaminas y minerales, pero en una cantidad irrisoria. Para obtener los beneficios de esas vitaminas y minerales deberíamos comer kilos de azúcar integral. Por tanto, como dicen en mi pueblo, se perdona el bollo por el coscorrón.

EL PRECIO IMPORTA

EL AZÚCAR INTEGRAL DE CAÑA ES HASTA CUATRO VECES MÁS CARO QUE EL AZÚCAR BLANCO.

4. EL AZÚCAR DE LA FRUTA ES MALO

El azúcar naturalmente presente en la fruta no ha demostrado ser perjudicial. Palabra de OMS[20]: *no hay pruebas de que el consumo de azúcares intrínsecos tenga efectos adversos para la salud.*

LAS DOS CARAS DE LA FRUCTOSA

La fructosa es el azúcar típico de la fruta. Cuando tomamos la fructosa en su forma natural, dentro de la fruta, no es perjudicial. Pero si leemos la palabra «fructosa» en una lista de ingredientes nos debe saltar la alarma interna: en este caso se ha añadido fructosa artificialmente a la comida y su consumo en exceso es tan perjudicial como el del azúcar blanco.

5. TODOS LOS AZÚCARES SON IGUALES

La prueba de fuego en el azúcar es saber distinguir entre estos tres tipos: azúcar añadido, azúcar intrínseco y azúcar libre.

I. AZÚCAR AÑADIDO

El azúcar añadido es el que añade el consumidor directamente (por ejemplo, al poner un sobre de azúcar al café) o el que añade la industria en los refrescos, productos de bollería, caramelos, zumos, lácteos o alimentos ultraprocesados varios.

El azúcar que añade directamente el consumidor supone el 20% del consumo de azúcar mientras que el 80% restante es el que añade la industria. El mal llamado «azúcar invisible». Digo mal llamado porque, aunque el azúcar puede ser invisible en el producto (no vemos el azúcar que hay en una magdalena), en realidad no puede ser invisible en el etiquetado puesto que la legislación **SÍ** obliga a declarar los azúcares en la lista de ingredientes. Otra cuestión es que los azúcares tengan cincuenta nombres distintos y que sea muy difícil para el consumidor identificarlos.

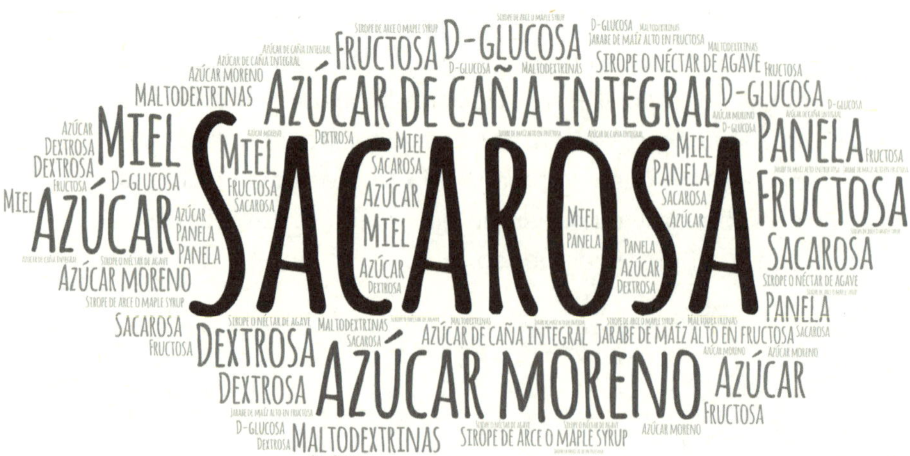

2. AZÚCAR INTRÍNSECO O AZÚCAR PROPIO DEL ALIMENTO

El azúcar intrínseco es el que está naturalmente presente en un alimento. Por ejemplo, la leche tiene lactosa y las frutas y las verduras contienen fructosa de manera natural. Una naranja cogida del árbol contiene un 9% de azúcares y un tomate cogido de la mata, un 4%. Este azúcar se va liberando lentamente en la digestión y además la fibra de la naranja o del tomate «estorba» su absorción. En resumen: este azúcar de la naranja o del tomate recién cogidos no se comporta en el organismo del mismo modo que el de un sobre que añades al café. Al no comportarse igual, tampoco tiene sus efectos negativos.

3. AZÚCAR LIBRE

Según la OMS[20], los azúcares libres «incluyen los monosacáridos y los disacáridos añadidos a los alimentos por los fabricantes, los cocineros o los consumidores, así como los azúcares presentes de forma natural en la miel, los jarabes, los jugos de fruta y los concentrados de jugo de fruta».

El azúcar de una naranja es azúcar intrínseco. Cuando exprimimos la naranja y la transformamos en zumo, el azúcar sale de su matriz y se pierde la fibra que ralentiza su absorción. El azúcar del zumo ya no es un azúcar intrínseco sino un azúcar libre. Todos sabemos que los azúcares añadidos son azúcares libres. La sorpresa es que la OMS también considera azúcar libre al de otros alimentos que consideramos saludables, como los azúcares del zumo o de la miel. Como resultado de todo esto, las autoridades recomiendan evitar el consumo de azúcares libres.

RADIOGRAFÍA DEL AZÚCAR PERFECTO

No hay azúcar perfecto. Fin de la cuestión.

El azúcar es un producto prescindible y las guías alimentarias aconsejan evitar o limitar su consumo. Todas las alternativas (azúcar integral, moreno, mascabado, panela, siropes y jarabes varios) son parientes del azúcar blanco en primer grado.

Quizá desde el punto de vista teórico suene mejor una alternativa que tenga un 85% de azúcares que otra con un 90%. Pero en la práctica, ese 5% no es significativo. Ambas alternativas no son saludables y sería algo parecido decir que lanzarte 85 dardos es mejor que lanzarte 90: lo mejor es no lanzarte ningún dardo. Además, como ocurre con los alimentos *light*, existe cierta tendencia a compensar. Es decir, añadimos más panela al café pensando que es más saludable que el azúcar, y al final acabamos tomando más cantidad de azúcares.

ALTERNATIVAS SALUDABLES AL AZÚCAR

La mejor opción es utilizar la fruta fresca para edulcorar. ¡Importante! he dicho la fruta, no su zumo. La fruta es un recurso útil para añadir en yogures o en dulces hechos de forma casera. Otra buena opción es utilizar dátiles, la harina de algarroba o especias como la canela.

Dicho esto, la mejor alternativa es acostumbrarnos a los sabores puros de los alimentos. Las fresas también están muy ricas sin azúcar (y sin nata), pero una vez que las tomamos con nata, es difícil dar marcha atrás. Hoy en día comemos alimentos con una palatabilidad por encima de nuestras posibilidades. ¿Has pensado que en realidad no hay alimentos que estén «tan buenos» en la naturaleza? Algunos marcianos y yo nos hemos acostumbrado a tomar café sin azúcar. Y se sobrevive.

¿SABÍAS QUÉ?

LOS DÁTILES SON FRUTA DESECADA DE FORMA NATURAL. TIENEN GRAN CANTIDAD DE FIBRA QUE AYUDA A RETRASAR LA ABSORCIÓN DEL AZÚCAR. SIN EMBARGO, NO PODEMOS COMPARAR NUTRICIONALMENTE LOS DÁTILES CON OTRAS FRUTAS, YA QUE TIENE EN TORNO A UN 70% DE AZÚCAR. LA PROPORCIÓN AZÚCAR:FIBRA EN UN DÁTIL ES 10:1 MIENTRAS QUE EN UNA MANZANA ES 4:1. LA DENSIDAD ENERGÉTICA DEL DÁTIL ES 6 VECES MAYOR QUE LA DE LA MANZANA. EN RESUMEN, SON UN BUEN RECURSO PARA ENDULZAR PERO NO COMPARABLES A OTRAS FRUTAS NO DESECADAS.

PREGUNTAS QUE SIEMPRE QUISISTE HACER SOBRE EL AZÚCAR

1. ¿CÓMO PUEDO DISTINGUIR EN EL ETIQUETADO ENTRE EL AZÚCAR INTRÍNSECO Y EL AZÚCAR AÑADIDO?

La legislación[73] obliga a los fabricantes a indicar en la tabla de composición nutricional la cantidad de hidratos de carbono que contiene un producto y, dentro de los hidratos de carbono, cuántos de ellos son azúcares. Hasta aquí, perfecto. El problema es que la legislación no obliga a especificar cuántos de esos azúcares son intrínsecos (propios del alimento, como la lactosa de la leche) y cuántos se han añadido de manera artificial.

CASO PRÁCTICO

EJEMPLO EN LA ETIQUETA DE UN YOGUR AZUCARADO

	100 g	183 g
Valor energético	**69 kcal**	**126 kcal**
Grasas	0,8 g	1,5 g
De las cuales saturadas	0,5 g	0,9 g
Hidratos de carbono	12,5 g	22,9 g
De los cuales azúcares	11,9 g	21,8 g
Proteínas	2,4 g	4,4 g
Sal	0,1 g	0,1 g

Ingredientes: leche pasteurizada, **leche** pasteurizada desnatada rehidratada, agua, **azúcar, jarabe de glucosa y fructosa, fructosa**, estabilizador (pectina), aromas, fermentos lácticos y colorantes (carmines y carotenos).

Análisis: en la tabla nutricional observamos que hay un 12,5% de hidratos de carbono de los cuales los azúcares son el 11,8%. Sin embargo, no nos indican cuántos son propios del yogur y cuántos son añadidos.

Tal y como vimos en el capítulo «Lácteos», el yogur contiene un 4% de azúcares naturalmente presentes (lactosa). Conociendo este dato podríamos hacer el cálculo sobre el 11,9% de azúcares totales y sospechar que casi un 8% son azúcares añadidos.

Pista: la lista de ingredientes.

La buena noticia es que, aunque no podemos valorar los azúcares cuantitativamente, sí podemos identificarlos en la lista de ingredientes. Como comentábamos en la página 194, la legislación obliga a reflejar los distintos tipos de azúcares en la lista. Siguiendo con el ejemplo de este yogur, en la lista de ingredientes encontramos tres azúcares: azúcar, fructosa y jarabe de glucosa y fructosa.

CURIOSIDAD:

LOS ESTADOUNIDENSES NOS SACAN VENTAJA

En mayo del año 2016 la FDA *(Food and Drug Administration)* anunció cambios en la información nutricional del etiquetado con el objetivo de facilitar su comprensión para los consumidores. Estos cambios incluyen la obligatoriedad de diferenciar en el etiquetado cuáles de los azúcares del producto son azúcares añadidos.

Muchos fabricantes estadounidenses ya incluyen esta distinción en los envases, aunque realmente será obligatorio a partir del 1 de enero de 2020 para las empresas con una facturación anual superior a 10 millones de dólares, y a partir del 1 de enero de 2021 para las empresas cuya facturación anual sea inferior. Aquí, seguiremos esperando[74].

Nutrition Facts	
8 servings per container	
Serving size	**2/3 cup (55 g)**
Amount per serving	
Calories	**230**
	% Daily Value *
Total Fat	10 %
Saturated Fat 1 g	5%
Trans Fat 0g	2,4 g
Total Carbohydrate 37 g	13 %
Dietary Fiber 4 g	14%
Total Sugars 12 g	
Includes 10 g Added Sugars	20%
Protein 3g	4,8 g
Vitamin D 2 mg	10%
Calcium 260 mg	20%
Iron 8 mg	45%
Potassium 235 mg	6%
*The % Daily Value (DV) tells you how much a nutrient in a serving of food contributes to a daily diet 2.000 calories a day is used for generalnutrition adviced	

2. ¿CUÁNTO AZÚCAR LIBRE SE RECOMIENDA TOMAR AL DÍA?

La OMS recomienda que el consumo de energía que proviene de los azúcares libres no supere el 10% de las kcal totales. Y si es posible, que no supere el 5% para obtener beneficios adicionales. ¿Esto cuánto es? Si un adulto toma una dieta de 2.000 kcal, el 10% de las kcal son 200 kcal. Como cada gramo de azúcar aporta 4 kcal, el resultado son 50 gramos de azúcar.

Conclusión: para una dieta tipo de 2.000 kcal la OMS aconsejaría no superar los 50 gramos de azúcar diario y la mitad para obtener beneficios adicionales. Es decir: 25 gramos.

Estos datos son similares a los que propone la AHA (American Heart Association)[21]. La AHA recomienda para la mayoría de las mujeres estadounidenses que los azúcares supongan un máximo de 100 kcal diarias. Esto supone aproximadamente 6 cucharaditas de azúcar (25 gramos). Para los hombres, serían no más de 150 kcal por día a partir de los azúcares o, aproximadamente, 9 cucharaditas (36 gramos). Las recomendaciones de la AHA se centran en todos los azúcares añadidos, sin señalar ninguno en particular.

3. ¿QUÉ DIFERENCIA HAY ENTRE «EL AZÚCAR» Y «LOS AZÚCARES»?

Aunque parece lo mismo, en realidad hay gato encerrado. La palabra «azúcares» es algo más que el plural de azúcar.

- Si hablamos de **azúcar**, nos referimos exclusivamente a la sacarosa, y así lo recoge la legislación[75].

- Si hablamos de **azúcares**, nos referimos a todos los monosacáridos o disacáridos (véase página 227) que tienen sabor dulce, como la glucosa, fructosa, sacarosa, etc., y que se emplean comúnmente para endulzar.

Para evitar confusión, la legislación recoge la declaración «sin azúcares añadidos» en lugar de «sin azúcar». Los envases no pueden indicar «sin azúcar», sino «sin azúcares añadidos». ¿Por qué? Porque el «sin azúcar» sería un coladero importante. Un producto «sin azúcar», en el sentido estricto, podría no tener sacarosa pero sí fructosa añadida.

4. ¿CACAO CON AZÚCAR O AZÚCAR CON CACAO?

Nadie duda de que el cacao soluble que nos acompaña desde muy tierna infancia lleva azúcar. Pero lo que muchos no se han parado a mirar, a pesar de desayunar con el bote delante cada mañana, es que en realidad no es cacao con azúcar sino azúcar con cacao.

CASO PRÁCTICO

CACAO TÍPICO

Por cada 100 g	
Valor energético	**386 kcal**
Grasas	3,8 g
De las cuales saturadas	1,6 g
Hidratos de carbono	79,2 g
De los cuales azúcares	75,7 g
Fibra alimentaria	7,4 g
Proteínas	5,1 g
Sal	0,37 g
Vitamina C	100 mg
Tiamina	0,81 mg

Ingredientes: azúcar, cacao desgrasado (22,1%), vitaminas (c, b1, d), minerales (pirofosfato férrico, sulfato de zinc), aroma, canela, sal, aceite de girasol, emulgente (lecitina de soja).

Análisis: vemos en la tabla nutricional que más del 75% del cacao soluble es azúcar. Tres cuartas partes, que se dice pronto. Y sí, le añaden vitaminas y minerales, lo anuncian a bombo y platillo porque en el envase queda muy pintón. ¿Acaso no hay mejor forma de tomar esas vitaminas que rodeadas de un 75% de azúcar?

LA ALTERNATIVA

Si lo de tomar la «leche blanca» es misión imposible, siempre podemos recurrir al cacao puro. Hoy en día hay disponible en el mercado cacao puro soluble. Sin azúcar añadido y sin edulcorantes. Solo cacao puro.

CASO PRÁCTICO

CACAO PURO

Ingredientes: cacao desgrasado en polvo.

Por cada 100 g	
Valor energético	**375 kcal**
Grasas	16 g
De las cuales saturadas	10 g
Hidratos de carbono	16 g
De los cuales azúcares	0,7 g
Proteínas	26 g
Sal	0,03 g

Análisis: el cacao desgrasado en polvo no tiene azúcares, pero a cambio aumenta el porcentaje de grasa saturada del 1,6% hasta el 10%. El cacao puro puede ser una opción nutricional más interesante que el «azúcar con cacao», pero no nos vengamos arriba con esto, solo es una alternativa.

5. ¿BAJO QUÉ NOMBRES SE ENCUENTRAN LOS AZÚCARES EN LAS ETIQUETAS?

Madre no hay más que una, pero azúcares hay a patadas. Este es el decálogo con algunos de los más frecuentes.

1. AZÚCAR O SACAROSA

La sacarosa es un disacárido formado por una molécula de glucosa y una de fructosa dándose la manita. Es el edulcorante más utilizado en el mundo y supone el 75% de todos los azúcares añadidos.

En el azúcar blanco, el endulzante clásico, encontramos un 99,5% de sacarosa. Además, la sacarosa forma parte de otros muchos endulzantes, por ejemplo:

- Azúcar moreno: 85% de sacarosa.
- Sirope de arce: aproximadamente un 70–75% de sacarosa.
- Miel: 1% de sacarosa. Suena bien, pero a cambio la miel tiene un 38% de fructosa y un 31% de glucosa.

La sacarosa hoy sigue siendo «la reina», pero otros azúcares que podemos encontrar en las etiquetas vienen pisando fuerte por motivos de *marketing* (como la panela, que suena muy bien) o de rentabilidad económica (como el jarabe de maíz alto en fructosa, que le sale baratito a la industria).

2. AZÚCAR MORENO

Uno de los grandes mitos es que el azúcar moreno es azúcar blanco «pintado». No seré yo quien defienda al azúcar moreno, pero al César lo que es del César. La legislación no permite pintar el azúcar blanco y ningún azúcar moreno que encontremos en el supermercado hoy en día va a estar «pintado».

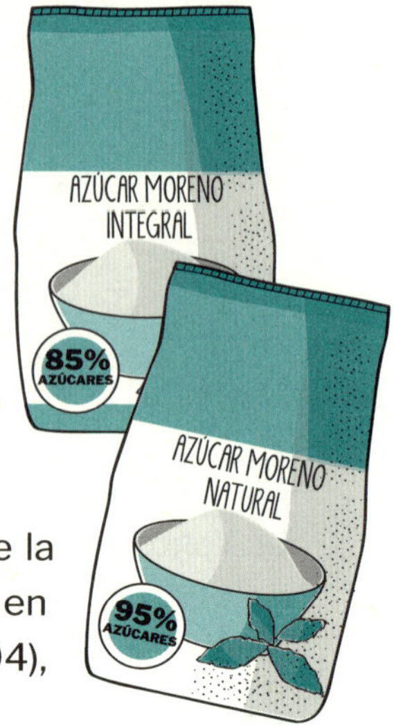

Hay varias formas de producirlo y lo que sí permite la legislación es que el azúcar moreno esté compuesto a partir de azúcar blanco refinado al que se le añade melaza de caña para que tenga ese sabor y colorcillo característicos. Si el producto es **azúcar moreno de caña integral** se obtendrá directamente de jugos depurados de la caña de azúcar. En cualquier caso, y como vimos en los mitos sobre el azúcar (véanse páginas 191-194), ninguna de las dos opciones es saludable.

3. FRUCTOSA

La fructosa es un monosacárido que se encuentra de forma natural en la miel (38%) y también en frutas, verduras y hortalizas en distintas proporciones. Es el azúcar más soluble y dulce entre todos los azúcares naturales. Se emplea especialmente en productos de confitería por su capacidad para no cristalizar.

Consumir fructosa de forma natural en las propias frutas y verduras no implica ningún problema, pero, al añadirlo a productos procesados y consumirlo en exceso, pueden aparecer trastornos intestinales y diarreas. También favorece la síntesis de triglicéridos (grasas) en el hígado. A la larga, esto podría derivar en enfermedades metabólicas como la obesidad o la diabetes tipo II.

4. DEXTROSA O D-GLUCOSA

La dextrosa o D-glucosa también se encuentra de forma natural en la miel (31%) y en frutas, verduras y hortalizas. Su poder edulcorante es menor que el de la sacarosa. En tecnología alimentaria se emplea principalmente para elaborar bebidas y productos de panadería y confitería.

La glucosa se encuentra de forma libre en la sangre y se utiliza en las células como fuente de energía, pero tal y como hemos comentado no es necesario consumir glucosa de forma directa. Salvo que realicemos deporte de alta intensidad y duración (ciclismo, maratones), a partir de hidratos de carbono complejos (legumbres, cereales...) nuestro cuerpo puede conseguir la glucosa que necesita.

5. MALTODEXTRINAS

Las maltodextrinas se obtienen por hidrólisis (ruptura) del almidón. Aunque su sabor es menos dulce que el de los anteriores, son muy utilizadas por la industria por sus interesantes propiedades tecnológicas. Tienen capacidad dispersante, humectante, espesante y texturizante. Se emplean en embutidos, salsas, mantequillas, margarinas, pasteles, fórmulas infantiles o productos para deportistas, entre otros.

6. JARABE DE MAÍZ CON ALTO CONTENIDO EN FRUCTOSA

En Norteamérica el jarabe de maíz con alto contenido en fructosa (JMAF) está sustituyendo a la sacarosa, entre otras cosas porque es muy barato. Es un jarabe con elevadas concentraciones de fructosa (hasta 90%) con un poder edulcorante mayor que la sacarosa. Las formas más habituales son las que contienen un 42% o un 55% de fructosa[76].

Se emplea en la elaboración de refrescos, panadería, conservas de frutas, derivados lácteos y confitería. Las autoridades sanitarias recomiendan limitar o evitar su consumo, ya que distintos estudios relacionan el aumento de la prevalencia de la obesidad con el mayor consumo de estos jarabes[77 y 78].

7. SIROPE O NÉCTAR DE AGAVE

El sirope de agave es un tipo de azúcar que se obtiene a partir de la planta Agave tequilana con un poder edulcorante 1,5 superior a la sacarosa. Y sí, lo de «tequilana» nos recuerda a tequila porque a partir del sirope de agave se produce el tequila y otras bebidas típicas de México. A pesar de tener un menor índice glucémico que el azúcar, su contenido en fructosa es elevado (70%) y, por tanto, en ningún caso se trata de una alternativa saludable al azúcar.

8. SIROPE DE ARCE O *MAPLE SYRUP*

De México saltamos a Canadá, donde el **sirope de arce o *maple syrup*** es el rey. Este sirope se extrae a partir del jugo del tronco de algunas especies de arce, como el arce rojo, el arce negro o el arce azucarero. Cuando éramos pequeños veíamos este sirope en las pelis, en sus jarritas de cristal con asa metálica, cuando los americanos endulzaban las famosas tortitas para desayunar. La globalización ha hecho que ahora tengamos una jarra de sirope de arce prácticamente en cada cafetería de barrio e incluso en cada chiringuito de feria. Una lástima.

Aproximadamente el 70% del sirope de arce son azúcares, la mayor parte sacarosa (sobre un 90%) y el resto glucosa y fructosa. Es decir, más de lo mismo[79].

9. PANELA

Y ya dispuestos a dar la vuelta al mundo en 80 azúcares, llegamos a la panela. La fabricación de panela se concentra en Asia y América del Sur: los principales productores son India (6,89 millones de toneladas) y Colombia (1,50 millones de toneladas de panela). Se fabrica en más de 25 países, siendo un endulzante muy extendido en Brasil, Chile, Perú, México o Venezuela. ¿Merece la pena traernos panela de allende los mares? ¿Qué tiene para ser tan apreciada?[80]

La panela se obtiene al concentrar el jugo de caña de azúcar previamente clarificado en bloques de diferentes formas y tamaños.

En algunos lugares tiene forma de cono truncado y lo llaman pilón o piloncillo[81]. Se suele decir de ella que conserva la mayoría de los compuestos presentes en el jugo de la caña de azúcar y que su valor nutricional es mayor.

La realidad es que, pese a su halo de santidad, sus azúcares son similares a los del sirope de arce: un 75% es sacarosa junto con un 5% de glucosa y 5% de fructosa. En definitiva, es un producto con un 85% de azúcares y un puñadito de calcio, magnesio, fósforo o hierro que no justifica su consumo.

PARA OBTENER LOS REQUERIMIENTOS DIARIOS DE CALCIO DEBERÍAMOS TOMAR UN KILO DE PANELA, QUE A SU VEZ CONTIENE NADA MENOS QUE 850 G DE AZÚCARES.

EN UNA CUCHARADITA DE PANELA HAY 4 MG DE CALCIO, QUE SUPONEN ¡UN 0,5% DE LOS REQUERIMIENTOS DIARIOS DE CALCIO!

10. MIEL

Tengo dos noticias sobre la miel. Y las dos son malas:

1. La miel contiene entre un 75-85% de azúcares dependiendo de la variedad. Azúcar del que la OMS considera «libre»[20].
2. No hay evidencia científica de que la miel «suba las defensas» o de que «cure los resfriados»[82].

La miel es un endulzante. ¿De origen natural? Sí, pero endulzante como los demás. Si tenemos gripe o un resfriado, más allá de suavizar la garganta y ofrecer «confort» si la tomamos calentita, poco puede hacer por nuestras pobres almas. Quien quiera comer miel, que la coma, pero sin atribuirle bondades sobrenaturales.

5 COSAS QUE DEBES SABER PARA ELEGIR UNA BUENA MIEL

La legislación[83 y 84] regula qué debe tener la miel para poder llamarse miel así como cuáles son sus variedades. Como muchas de estas especificaciones técnicas realmente son farragosas, iremos al grano:

1. SI PONE MIEL, ¿ES MIEL?

La legislación prohíbe añadir aditivos u otros ingredientes a la miel. En principio, si en el envase pone la palabra miel (seguida en su caso de la variedad que proceda) será miel. Si se le añaden otros ingredientes (por ejemplo, zumo) no debe denominarse miel. Esto puede complicarse porque en el caso de que el producto contenga un 90% o más de miel y otros ingredientes la legislación permite que pueda denominarse «especialidad de» o «preparado de». Por ejemplo, «especialidad de miel con limón» o «preparado de miel con limón».

2. LA MIEL «AGUACHIRRI» NO EXISTE

Según la legislación, el contenido de agua no puede ser en general superior al 20% (o al 23 o 25% en función de las variedades) para evitar el fraude de «aguar» la miel. Si en el envase pone «miel», ya sabemos que como máximo podrá llevar esta cantidad de agua

3. LA MIEL LLEVA UN MONTÓN DE AZÚCARES... POR LEY

Si alguien os dice que la miel no lleva azúcar, podéis contestarle que no solo los lleva sino que es obligatorio por ley que los lleve. La legislación indica que el contenido de fructosa y glucosa (suma de ambas) en la miel de flores no debe ser menor de 60 g/100g y no menos de 45 g/100 g en la miel de mielada.

4. ¿MIEL CRUDA O PASTEURIZADA?

La miel del supermercado normalmente se ha sometido a un proceso de pasteurización. ¿El objetivo? Eliminar posibles microorganismos y homogeneizar la textura, el color, etc. El problema es que de paso también puede «matar» algunas de las características organolépticas más apreciadas de la miel.

¡Importante! Los menores de un año no deben tomar ningún tipo de azúcar pero especialmente miel cruda. No solo porque la miel cruda lleve azúcar, sino por el riesgo de encontrar esporas de la toxina botulínica. Pasteurizando la miel evitamos el riesgo.

5. ¿DE DÓNDE PROCEDE LA MIEL?

Si la miel procede de un solo país, en el envase se indicará de qué país procede. Si se trata de miel de La Alcarria, en el envase se indicará que el país de procedencia es España. Hasta aquí todos contentos. ¡Y viva Castilla-La Mancha!

El problema surge cuando la miel es una mezcla de varios países. En este caso la legislación permite que se mencione de tres formas distintas en función de la procedencia[85]:

- Mezcla de mieles de la UE.
- Mezcla de mieles no procedentes de la UE.
- Mezcla de mieles procedentes de la UE y de mieles no procedentes de la UE.

El productor puede acogerse a la modalidad que corresponda y así no especificar los países originarios de la miel.

LA POLÉMICA. ¿SON BUENOS LOS POLIALCOHOLES?

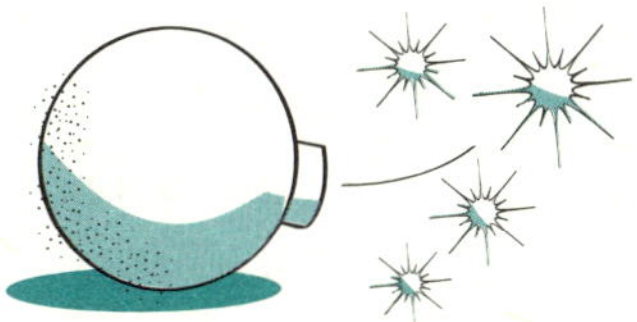

Los polialcoholes o polioles son azúcares alcoholes. Sus nombres más frecuentes son sorbitol, maltitol, xilitol, manitol o eritritol. Aunque algunos se encuentran presentes de forma natural en distintas frutas, se utilizan como aditivos en productos como chicles, caramelos, helados, postres, productos de pastelería, repostería o en los llamados «productos para diabéticos».

VENTAJAS DE LOS POLIALCOHOLES CON RESPECTO AL AZÚCAR:

- No provocan caries.
- Originan sensación de frescor en la boca.
- Como se absorben de forma lenta, la respuesta glicémica es menor y por este motivo se incluyen en productos «para diabéticos».
- Aunque su valor energético es similar a los azúcares, como su absorción es menor el valor calórico promedio es de 2,4 kcal/g en lugar de 4 kcal/g del resto de azúcares.

INCONVENIENTES DE LOS POLIALCOHOLES:

- Si se consumen en exceso, pueden provocar malestar abdominal, flatulencias y efecto laxante.
- Favorecen la preferencia por el sabor dulce, lo cual puede inducir a consumir mayores cantidades de los productos que los contienen.

NIVEL EXPERTO: ¿CÓMO IDENTIFICO A LOS POLIALCOHOLES EN EL ETIQUETADO?

No es obligatorio declarar cuantitativamente los polialcoholes, pero sí cualitativamente. Esto quiere decir que podrás identificarlos en la lista de ingredientes con estos nombres: **sorbitol (E-420), maltitol (E-965), xilitol (E-967), manitol (E-421), eritritol (E-968)**, pero no es obligatorio que el fabricante declare cuánta cantidad hay de cada uno. La pista es el lugar que ocupen en la lista de ingredientes.

¡La excepción que confirma la regla! Si se trata de un producto sin azúcar o sin azúcares añadidos, el fabricante debe indicar la cantidad de polialcoholes.

NO TODOS LOS POLIALCOHOLES SON IGUALES

Aunque los metemos en el mismo saco, hay diferencias entre los polialcoholes en cuanto al **valor energético** (el eritritol aporta

0,2 kcal/g, pero el sorbitol aporta 2,6 kcal/g), **el poder edulcorante en relación a lo que endulza la sacarosa** (el maltitol o el xilitol tienen un poder edulcorante similar al de la sacarosa mientras que el lactitol solo endulza un 50%), **la cantidad máxima que se puede tolerar sin sintomatología gastrointestinal** (el eritritol sale mejor parado)[86].

POLIALCOHOLES, ¿SÍ O NO?

Los polialcoholes pueden ser una alternativa más saludable que el azúcar, pero su uso no está exento de efectos secundarios. Si podemos evitarlos, mejor.

QUE NO TE LA CUELEN. EL 0% COMO GRAN COLADERO DE PRODUCTOS «SALUDABLES»

¿ES LO MISMO «BAJO CONTENIDO EN AZÚCARES», «SIN AZÚCARES» O «SIN AZÚCARES AÑADIDOS»?

Al leer estas declaraciones nutricionales en los envases, la impresión general que uno se lleva es que estos productos tienen «poco azúcar» y, por tanto, que son más saludables. Si leemos la letra pequeña, realmente existe mucha diferencia entre unas y otras:

1. BAJO CONTENIDO DE AZÚCARES

Según la legislación: «Solamente podrá declararse que un alimento posee un «bajo contenido de azúcares» si el producto no contiene más de 5 g de azúcares por 100 g en el caso de los sólidos o 2,5 g de azúcares por 100 ml en el caso de los líquidos»[87].

CASO PRÁCTICO

CHOCOLATE CON BAJO CONTENIDO EN AZÚCARES

Por cada 100 g	
Valor energético	**543 kcal**
Grasas	43 g
De las cuales saturadas	27 g
Hidratos de carbono	37 g
De los cuales azúcares	3,5 g
Fibra alimentaria	10 g
Proteínas	9 g
Sal	0,02 g

Ingredientes: pasta de cacao, edulcorantes: maltitoles y lactilol, manteca de cacao, cacao magro en polvo, emulgente: lecitinas (girasol), aroma natural de vainilla. Cacao: 70% mínimo.

Análisis: en la tabla nutricional observamos que el chocolate cumple los requisitos para poder llamarse «bajo contenido en azúcares» porque contiene solo 3,5 gramos de azúcar por cada 100 gramos (recordemos que la legislación permite hasta 5 gramos por cada 100). Hasta aquí, todo perfecto.

En la lista de ingredientes vemos que el segundo ingrediente del chocolate (por encima incluso de la manteca de cacao y del cacao magro en polvo) son polialcoholes, concretamente maltitol y lactitol. La legislación no obliga en este caso a declarar cuál es la cantidad de polialcoholes y, por tanto, no sabemos qué porcentaje de polialcoholes tiene el producto.

CHOCOLATE CON BAJO CONTENIDO EN AZÚCAR, ¿SÍ O NO?

Lo ideal sería que el chocolate fuera lo más puro posible y no contuviera ni azúcar añadido ni polialcoholes. Y menos aún que los polialcoholes fueran el segundo ingrediente, es decir, el segundo más abundante. En resumen: hay opciones mejores que este chocolate concreto.

2. SIN AZÚCARES

Según la legislación: «Solamente podrá declararse que un alimento no contiene azúcares si no contiene más de 0,5 g de azúcares por 100 g o 100 ml».

CASO PRÁCTICO

MAGDALENAS 0% AZÚCARES

Por cada 100 g	
Valor energético	**399 kcal**
Grasas	23 g
De las cuales saturadas	4 g
Hidratos de carbono	54 g
De los cuales azúcares	<0,5
Polialcoholes	28 g
Fibra alimentaria	1,5 g
Proteínas	4,4 g
Sal	0,54

*Ingesta de referencia. Ingesta de referencia de un adulto medio (2.000 kcal).

Ingredientes: harinas (29%) (trigo, centeno, cebada, avena, arroz), edulcorante (maltitol), aceite vegetal (soja), huevo líquido pasteurizado (16%), agua, humectantes (glicerina, sorbitol), fibra (polidextrosa), gasificantes (E-450, E-500), emulgente, estabilizante, aroma.

Análisis: en la tabla nutricional vemos que las magdalenas tienen menos de 0,5 gramos de azúcares y, por tanto, podemos decir que son 0% azúcares. Al ser un producto «sin azúcares» en este caso sí se declaran los polialcoholes y vemos con sorpresa que suponen un 28% de la composición. ¡Un 28%! Esto quiere decir que, más o menos, de cada 3-4 magdalenas que uno se come, una de ellas son polialcoholes.

En la lista de ingredientes se observa que el 29% del producto son harinas refinadas. De muchos cereales, sí (trigo, centeno, cebada, avena, arroz). Pero refinadas.

MAGDALENAS 0% AZÚCARES, ¿SÍ O NO?

Definitivamente, un producto ultraprocesado de estas características, con casi un tercio de producto a base de harinas refinadas y otro tercio a base de edulcorantes, no es una opción saludable.

3. SIN AZÚCARES AÑADIDOS

Según la legislación: «Solamente podrá declararse que no se han añadido azúcares a un alimento si no se ha añadido al producto ningún monosacárido ni disacárido, ni ningún alimento utilizado por sus propiedades edulcorantes. Si los azúcares están naturalmente presentes en los alimentos, en el etiquetado deberá figurar asimismo la siguiente indicación: «**CONTIENE AZÚCARES NATURALMENTE PRESENTES**».

Los azúcares naturalmente presentes son, como ya hemos comentado, los que se encuentran en la fruta (la fructosa de una naranja) o los que se encuentran en los lácteos (la lactosa de la leche).

CASO PRÁCTICO

ZUMO DE NARANJA 100% A PARTIR DE CONCENTRADO (SIN AZÚCARES AÑADIDOS)

	100 ml		200 ml	
Valor energético	**53 kcal**	**(VRN)**	**106 kcal**	**(VRN)**
Grasas	<0,5 g	-	<0,5 g	0%
De las cuales saturadas	0 g		0 g	0%
Hidratos de carbono	12 g	-	23 g	9%
De los cuales azúcares	8 g		17 g	18%
Sal	0 g	-	0 g	0%

Análisis: en la lista de ingredientes vemos que el único ingrediente es zumo de naranja (100%) a partir de concentrado. Es decir: solo hay zumo, no hay ningún tipo de azúcares añadidos.

En la tabla nutricional observamos que el zumo contiene un 12% de hidratos de carbono correspondiendo el 8% a azúcares. Es decir: el producto contiene un 8% de azúcares que, según la OMS, tal y como hemos visto en la página 195, se consideran azúcares libres.

ZUMO DE NARANJA SIN AZÚCARES AÑADIDOS, ¿SÍ O NO?

Un vaso de 250 ml de este zumo sin azúcares añadidos, con un 8% de azúcar, contiene 20 gramos de azúcar. Teniendo en cuenta que las autoridades sanitarias recomiendan no superar los 25 gramos al día, estaríamos próximos a «pasarnos». Por tanto, no parece la opción más saludable, siendo lo recomendable el consumo de fruta entera.

5 CLAVES SOBRE EL AZÚCAR

1. El único azúcar saludable es el que se encuentra de forma natural en los alimentos: ¡come toda la fruta que quieras!
2. Comer panela es tan *cool* como poco recomendable: tiene un 85% de azúcares.
3. La miel no cura el resfriado ni sube las defensas: es un endulzante con un 70% de azúcares.
4. El azúcar moreno no lo pintan pero puede estar compuesto de un 95% de azúcar blanco con melazas.
5. Si lees las palabras «sirope» o «jarabe», huye: también son azúcares.

EDULCORANTES SIN CALORÍAS

MUNDO EDULCORANTES: ¿QUÉ HAY EN EL SUPERMERCADO?

En la Unión Europea tenemos 19 edulcorantes autorizados para su uso en alimentos y bebidas que se dividen en dos tipos: bajos en calorías y «sin calorías»[88]. Al igual que ocurre con los azúcares, los edulcorantes se utilizan con dos propósitos: dar un sabor dulce a los alimentos a nivel industrial y también a nivel «casero» como edulcorantes de mesa.

- Edulcorantes bajos en calorías: Son los polialcoholes (sorbitol, manito, xilitol, etc.). Como hemos visto en el apartado anterior, los polialcoholes tienen ventajas frente a los azúcares pero también ciertos inconvenientes. Si podemos evitar o limitar su uso, mejor.

- Edulcorantes «sin calorías»: En este grupo están la sacarina, el ciclamato, el aspartamo... ¡y por supuesto la estevia! Aparecieron hace muchos años como héroes dispuestos a salvarnos del azúcar. Sin embargo, desde que pusieron un pie en el mercado también han estado rodeados de luces y sombras.

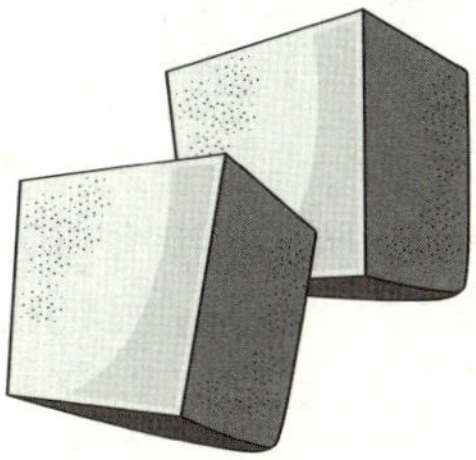

4 MITOS SOBRE LOS EDULCORANTES

1. LOS EDULCORANTES SIN CALORÍAS PUEDEN PRODUCIR CÁNCER

Si rascamos un poco, casi todos los mitos suelen surgir con una interpretación parcial de la verdad. Es cierto que en el inicio de los tiempos algunos estudios vincularon el consumo de ciclamato y sacarina con cáncer de vejiga en animales. Sin embargo, estudios posteriores en seres humanos tanto en estos dos edulcorantes como en otros no han demostrado que su consumo esté relacionado con cáncer. En resumen: el consumo de edulcorantes en las dosis habituales no es cancerígeno, es seguro[89].

2. CONSUMIR EDULCORANTES ARTIFICIALES ES INOCUO

Una cosa es que consumir sacarina o ciclamato no sea cancerígeno —ya hemos aclarado que no lo es—, pero otra muy distinta es que tomarlos sea como beber agua para nuestro cuerpo. Distintos estudios indican que el consumo de estos edulcorantes podría tener efectos negativos sobre la microbiota intestinal y alterar de algún modo nuestras «bacterias buenas»[90 y 91]. Aún es necesario profundizar en la investigación para definir qué efectos podría tener esta alteración en nuestro metabolismo.

3. LOS EDULCORANTES SIN CALORÍAS AYUDAN A ADELGAZAR

Aunque podría parecer algo razonable (como tomo menos calorías voy a adelgazar), lo cierto es que hay estudios que incluso muestran lo contrario y vinculan los edulcorantes artificiales con la obesidad[92]. Estas pueden ser algunas de las causas:

- Consumir alimentos sin azúcar puede animar a las personas a compensar la ingesta con otros alimentos más calóricos. El famoso «Póngame un café con media docena de churros. Y sacarina, por favor».

- Los edulcorantes artificiales pueden hacer que «nos acostumbremos» a sabores muy intensos y rechacemos el sabor natural de alimentos más saludables, como la fruta y la verdura.

4. TOMAR EDULCORANTES ES IGUAL QUE TOMAR AZÚCAR

Tampoco es eso. Además de que con los edulcorantes acalóricos nos «ahorramos» las calorías, la EFSA ha aprobado dos declaraciones nutricionales para ciertos edulcorantes:

1. Los sustitutos del azúcar conducen a un menor aumento de los niveles de azúcar en sangre después de las comidas **cuando se consumen en lugar de estos.**
2. Los sustitutos del azúcar mantienen la mineralización de los dientes disminuyendo la desmineralización dental **cuando se consumen en lugar de azúcares.**

Nótese que la EFSA remarca «cuando se consumen en lugar de azúcares». Esto quiere decir que los beneficios se obtienen comparando la ingesta de edulcorantes acalóricos con el consumo de azúcares. No significa que si uno no toma azúcar tenga que lanzarse a los brazos de los edulcorantes para conseguir ningún beneficio.

RADIOGRAFÍA DEL EDULCORANTE PERFECTO

No tenemos evidencia científica de que ningún edulcorante sea completamente inocuo para la salud, así que, al igual que ocurría con los azúcares, hoy por hoy no existe el edulcorante perfecto. Lo perfecto sería, una vez más, acostumbrarnos a los sabores reales de la comida.

Dicho esto, las autoridades sanitarias han confirmado que los edulcorantes sin calorías son seguros y la ciencia no ha demostrado que unos sean más beneficiosos que otros. Por tanto, si vas a utilizarlos: ¡elige el que más te guste y tómalo en la menor cantidad posible!

PREGUNTAS QUE SIEMPRE QUISISTE HACER SOBRE LOS EDULCORANTES SIN CALORÍAS

1. ¿LA ESTEVIA ES «MÁS NATURAL» QUE LA SACARINA?

La **estevia** se ha hecho un hueco en el mercado como alternativa «natural» a los edulcorantes. A pesar de su halo de naturalidad, según el Reglamento (CE) N° 258/1997, la comercialización de hojas de estevia solo está autorizada en forma de infusión, pero no como edulcorante[93]. En EE. UU. la FDA también prohíbe la comercialización de las hojas. El motivo es que su consumo podría tener efectos sobre la glucemia, la reproducción y la función cardiovascular y renal[94].

Por suerte, estos compuestos no están en los extractos altamente purificados, que sí están autorizados. En el supermercado encontramos los glicósidos de esteviol, un aditivo conocido también como E-960[95] y totalmente seguro.

¿Ventajas de la estevia? Es un edulcorante 300 veces más dulce que el azúcar pero con un efecto casi imperceptible en los niveles de sangre. Y poco más. A pesar de lo que se pregona en muchos foros de dudoso rigor científico, a día de hoy la estevia no ha demostrado al poder curativo para nada. Que la estevia sea apta para diabéticos (como también lo son la sacarina o el ciclamato) no significa que cure la diabetes.

¿Cómo pulula la estevia por nuestro cuerpo? Las bacterias intestinales degradan el esteviósido a esteviol y este se absorbe en el intestino grueso y se excreta por los sistemas renal y biliar[96].

ESTEVIA, ¿SÍ O NO?

Consumir estevia puede ser más saludable que consumir azúcar. Eso sí, siempre en la menor cantidad posible y recordando que lo ideal es no utilizar ningún edulcorante.

2. ¿QUÉ ES LA SACARINA O E-954?

Como algunos de los grandes inventos de la historia, la sacarina se descubrió por casualidad en 1879. Su uso fue importante durante la primera y segunda guerra mundial para remplazar al azúcar, que estaba estrictamente racionado en Europa por falta de producción de caña de azúcar. Su poder edulcorante es 300 veces mayor que el del azúcar.

3. ¿QUÉ ES LA SUCRALOSA O E-955?

La sucralosa hizo su aparición estelar en 1976 y tiene como particularidad ser el único edulcorante acalórico que se obtiene directamente del azúcar. A efectos prácticos la sucralosa «nos interesa» por dos motivos:

- Su poder edulcorante es 600 veces mayor que el del azúcar.
- Es termoestable (aguanta bien el calor) y resiste a las variaciones de pH. Esto lo hace más apropiado que otros edulcorantes para los productos de pastelería.

4. ¿QUÉ ES EL ACESULFAMO K O E-951?

El acesulfamo K debe su existencia a dos químicos alemanes que lo descubrieron allá por 1967. A diferencia de otros edulcorantes, su uso más frecuente es combinado con otros edulcorantes para intensificar su grado de dulzor y disminuir su sabor amargo. Su poder edulcorante es 160-220 veces mayor que el del azúcar.

5. ¿QUÉ ES EL CICLAMATO O E-952?

He dejado para el final a la pobre «oveja negra». La prohibición del ciclamato en 1970 debido a las sospechas sobre la carcinogenicidad conmocionó al mercado de los edulcorantes artificiales. Aunque los estudios epidemiológicos en humanos no han confirmado las peores sospechas, el ciclamato sigue prohibido en Estados Unidos por la FDA. En Europa, en cambio, la EFSA considera que su consumo sí es seguro y está autorizado.

Su poder edulcorante es 30-40 veces mayor que el del azúcar. Es habitual encontrar combinaciones de ciclamato y sacarina, ya que combinado 10:1 provoca un efecto sinérgico que repercute en un mayor dulzor y sabor que cada uno por sí solo.

LA POLÉMICA. EL ASPARTAMO, BELCEBÚ, SATANÁS Y OTROS DEMONIOS

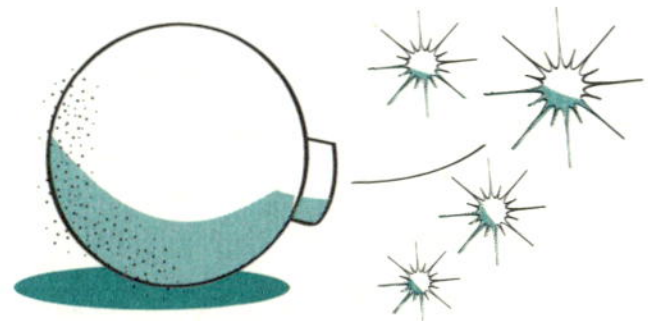

Aunque algunos lo sitúan en las calderas del infierno, el aspartamo (E-951) de momento no tiene cuernos. Es un polvo blanco, inodoro, unas 200 veces más dulce que el azúcar. Está autorizado en Europa para ser utilizado como aditivo desde hace más de 30 años y hay cientos de estudios que han analizado su posible toxicidad[97 y 98].

1. ¿DE DÓNDE VIENE LA POLÉMICA?

Decíamos que el aspartamo no tiene cuernos aunque por su estructura química podría parecerlo. La molécula es un dipéptido, es decir, dos aminoácidos que se dan la manita: el ácido aspártico y la fenilalanina.

Al digerirse el aspartamo y «romperse en cachitos» empieza la fiesta. El aspartamo se divide en fenilalanina (50%), ácido aspártico (40%) y metanol (10%).

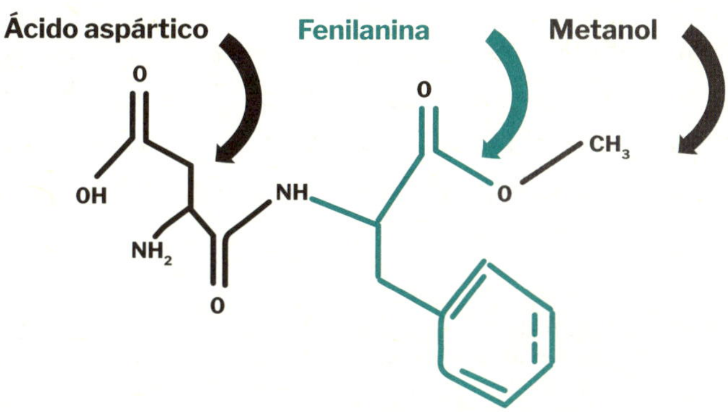

FENILALANINA. No representa un riesgo por sí misma excepto para las personas con fenilcetonuria, una enfermedad que afecta a uno de cada 10.000 niños nacidos. El aspartamo es una *fuente de fenilalanina* y por eso aparece la clásica leyenda en las latas de refresco. No es justo señalar el aspartamo como el malo de la película porque la fenilalanina también está en alimentos que contienen proteína, como los huevos, la leche, la carne, el pescado o las legumbres.

METANOL. Es verdad, como sale el sol por las mañanas, que en la metabolización del aspartamo se produce cierta cantidad de metanol (alcohol metílico). Pero ni serán litros de alcohol los que corran por nuestras venas tomando aspartamo, ni el aspartamo es el único culpable de que se produzca metanol. ¡SORPRESA! Comiendo algunas frutas y verduras, más sanas que una manzana, nuestro organismo también produce cantidades similares o mayores de metanol[99]. La pequeña cantidad de alcohol que se produce a partir del aspartamo o de los vegetales (entre 0,4 y 1,4 gramos) no supone un problema para nuestra salud.

2. ¿CUÁNTO ASPARTAMO ES SEGURO TOMAR AL DÍA?

Según una revisión de la EFSA (2013), tomar aspartamo es seguro si no se supera una ingesta diaria admisible de 40 mg/kg/día[100]. ¿Es mucho o poco? Si la ingesta media de aspartamo por parte de los europeos es de 3,6 mg/kg/día, y la ingesta media de los europeos que más aspartamo toman es de unos 5,5 mg/kg/día, resulta que hasta el europeo que se pone hasta las trancas de aspartamo está muy por debajo de los 40 mg/kg/día. En resumen: deberíamos multiplicar por diez la ingesta habitual de productos que contienen aspartamo para tener riesgo.

3. ¿CUÁNTAS LATAS DE REFRESCO CON ASPARTAMO PUEDO TOMAR AL DÍA?

Si la ingesta diaria admisible de aspartamo es 40 mg/kg/día, un adulto de 60 kg puede tomar hasta 2.400 mg de aspartamo al día sin riesgo. Si una lata de refresco sin azúcar contiene 192 mg de aspartamo[101], este adulto podría beberse unas doce latas (o más de cuatro litros) de refresco edulcorado. Excepto para el monstruo de la cola, no parece una cantidad fácil de sobrepasar.

ASPARTAMO, ¿SÍ O NO?

Que sea seguro en las dosis habituales no quiere decir que nos pongamos a comer aspartamo a puñados. El aspartamo, al igual que otros edulcorantes, no nos aporta nada. Pero con los datos en la mano no debemos caer en la quimiofobia. Y por supuesto, no pensar que unos refrescos son más saludables que otros simplemente porque no lleven aspartamo. Lo ideal, como con cualquier edulcorante, es limitar o evitar su consumo en la medida de lo posible.

QUE NO TE LA CUELEN. ESTEVIA CON AZÚCAR

Nos encontramos ante un producto con un 99% de azúcar en un envase de color verde donde aparecen con el mismo tamaño las palabras «azúcar» y «estevia». Aunque, insisto, el 99% son azúcares.

En teoría, la idea de añadir estevia al azúcar es potenciar el sabor del azúcar y que el consumidor utilice menos cantidad. En mi opinión, creo que con este formato muchos consumidores perciben que este azúcar es «más sano» que el azúcar normal. Como consecuencia es posible conseguir el efecto contrario y que utilicen mayor cantidad o que utilicen este azúcar en lugar de edulcorantes sin calorías.

Por cada 100 g	
Valor energético	**398 kcal**
Grasas	0 g
De las cuales saturadas	0 g
Hidratos de carbono	99,5 g
De los cuales azúcares	99 g
Proteínas	0 g
Sal	0 g
Polialcoholes	0 g

5 CLAVES SOBRE LOS EDULCORANTES

1. El aspartamo no es cancerígeno, aunque tampoco hace falta inflarse a refrescos.

2. No está permitida la venta de la planta estevia como edulcorante (aunque la veas en la feria medieval de tu pueblo).

3. Los esteviósidos sí están autorizados, pero tienen de naturales lo mismo que la sacarina: nada.

4. Los edulcorantes no adelgazan, ya nos gustaría a todos.

5. Elige el edulcorante que quieras, pero tómalo en la menor cantidad posible.

Tabla resumen de azúcares y edulcorantes		
Azúcares	**Polialcoholes**	**Edulcorantes sin calorías**
Azúcar (sacarosa)	Sorbitol	Estevia
Azúcar moreno	Maltitol	Sacarina
Azúcar de caña integral	Xilitol	Sucralosa
Fructosa	Manitol	Acesulfamo K
Dextrosa o D-Glucosa	Eritritol	Ciclamato
Maltodextrinas		Aspartamo
Jarabe de maíz alto en fructosa		
Sirope o néctar de agave		
Sirope de arce o *maple syrup*		
Panela		
Miel		

APERITIVOS

Pocas cosas más socorridas que unas patatas fritas. ¿Quién no tiene una bolsa de patatas o unos panchitos en el armario «por si viene una visita»? O por si nos apetece a nosotros, no nos vamos a engañar. Los aperitivos y *snacks* forman parte de nuestra cultura y de nuestra vida social. A continuación, algunos ejemplos de buenas y malas elecciones:

1. PATATAS FRITAS

Estamos terminando el libro, así que puedo permitirme el lujo de ganarme vuestro odio completo. Las patatas fritas no son un aperitivo saludable. Ni siquiera las que presumen de ser artesanas, mediterráneas, *gourmet*, de haberse hecho en una churrería o de que las haya fabricado una santa. ¿Por qué? Porque, para empezar, y como su nombre indica, están *fritas* y la fritura no es una técnica saludable. Contienen un 30% o más de grasa y nutricionalmente no aportan gran cosa. Más allá de los hidratos de carbono, una patata no es un dechado nutricional de virtudes.

Si aun así vas a comprar unas patatas fritas, ¿cuál es la mejor opción?

PATATAS FRITAS QUE «APRUEBAN». Las que tienen tres ingredientes: patata, aceite de oliva virgen y sal. A ser posible, la mínima cantidad de sal.

PATATAS FRITAS QUE NO TOCARÍA NI CON UN PALO. Las que saben y se parecen a cualquier cosa excepto a una patata frita. Contienen aromas varios, azúcar, colorantes y aditivos entre los que triunfa el glutamato monosódico (comerás una detrás de otra sin darte cuenta). ¿Y las patatas *light*? El concepto «patata frita *light*» también es de los que provoca sonrojo. Estas sugerentes patatillas tienen menos cantidad de grasa pero siguen siendo un producto frito con aceite de girasol que aporta muchas calorías y pocos nutrientes interesantes. Nos parecen más saludables, pero son igual de prescindibles.

2. FRUTOS SECOS

Los frutos secos son la mejor opción de aperitivo jamás contada. ¿Pero no engordan mucho? La ciencia nos dice que, a pesar de su elevado aporte energético, el consumo de frutos secos no se asocia a la obesidad[102]. Las razones pueden ser, entre otras, su capacidad saciante, su gran contenido en fibra o el gasto calórico que requiere su digestión completa. Vamos, que lo de que los frutos secos engordan es un mito. A pesar de ello, nos empeñamos en conseguirlo tuneándolos y enterrando sus bondades bajo dos capas de miel y una de sal.

FRUTOS SECOS QUE SÍ. Los que se presentan en crudo o tostados. Almendras, avellanas, anacardos, pistachos, nueces... Siempre es buena idea elegir los que sean de producción local, o al menos nacional. Los pistachos, por cierto, tienen la proteína completa.

FRUTOS SECOS QUE NO. Huye de las presentaciones seductoras que incluyen en la lista de ingredientes azúcar, sal, miel o incluso potenciadores del sabor. Pasa de los fritos. De los que van con cobertura de chocolate, ni hablamos.

3. GANCHITOS VARIOS

En el capítulo de ganchitos englobamos a todas esas masas informes y multiformes que venden en bolsas de plástico metalizadas. Tienen forma de cono, de estrella, de pelotilla o de murciélago si se tercia. Son aperitivos que en teoría están fabricados a base de maíz, y en la práctica ¡qué sabe nadie!

No aportan nada: son un conglomerado de maíz o fécula de patata con algunos —o todos— de estos ingredientes: grasas de palma, azúcar, sal, aromas, colorantes, potenciadores del sabor y otros aditivos varios.

¿Se salva alguno? Sí, aunque me ha costado encontrar la excepción que confirma la regla. Hay alguno con forma de gusano que solo está compuesto a base de maíz y aceite de oliva virgen extra.

4. NACHOS O TRIÁNGULOS DE MAÍZ

Desde que el guacamole entró en nuestras vidas no podemos vivir sin ellos. La mayoría de nachos que venden en el supermercado son *zorromostros* nutricionales como los ganchitos varios. Se salvan los que están compuestos únicamente por maíz, aceite y sal.

Se aconseja encarecidamente huir también de las salsas que acompañan a los nachos.

5. GANCHITOS *INFLUENCER*

Son aquellos con los que nos torturan algunos *instagramers* de forma coral durante campañas concretas por obra y gracia de las agencias de publicidad. Los reconocerás fácilmente porque no son unos ganchitos cualquiera. Y es que no basta con que estén buenos. ¡Los ganchitos *influencer* juegan a ser saludables!

Los ganchitos *influencer* presumen de estar hechos con sal del Himalaya (que es prima hermana de la sal común pero treinta veces más cara) o con un popurrí de cereales integrales. Lo que se les olvida comentar es que, además de todo esto, siguen llevando azúcar, potenciadores del sabor o grasas no saludables. La calidad nutricional del ganchito *influencer* suele ser inversamente proporcional al número de *instagramers* que lo anuncian.

6. CHUCHES Y GOMINOLAS

No, las gominolas no están hechas de petróleo. Ni falta que les hace porque ya van bien servidas con su composición.

CASO PRÁCTICO

GOMINOLA CON FORMA DE LADRILLO

Ingredientes: azúcar, jarabe de glucosa y fructosa, jarabe de azúcar invertido, **harina de trigo**, almidón de maíz, grasa de palma; acidulante: ácido málico, ácido cítrico; humectante: glicerina; almidón de patata, gelatina; emulgente: E-471; aromas; concentrado vegetal: zanahoria, grosella negra, colorantes: E-120.

Análisis: en estos ladrillos con un 66% de azúcar nadie ha querido perderse la fiesta. Tenemos a los tres dulces mosqueteros: azúcar, jarabe de glucosa y fructosa y jarabe de azúcar invertido, acompañados por D'Artagnan... ¡la grasa de palma! Y después, un chorro de aditivos de comparsa.

¿HAY ALGÚN APERITIVO SALUDABLE?

No todo está perdido. Además del queso o de los frutos secos, hay más opciones para entretener a las visitas (o nuestra hambre) de forma más saludable.

1. ACEITUNAS Y ENCURTIDOS

¡Menos es más! Unas buenas aceitunas no necesitan más que «aceitunas, agua y sal» en su lista de ingredientes (cuanto menor sea la cantidad de sal, mejor). Es frecuente que se les añadan hierbas aromáticas o vinagre. Tampoco es un drama si llevan correctores de acidez.

Los ingredientes de los encurtidos siguen un esquema similar y en este caso hay que evitar los que llevan azúcar añadido.

2. HUMMUS

Al igual que ocurre con el guacamole, en el supermercado encontramos opciones buenas y terribles de hummus. La clave está en elegir aquel que tenga mayor porcentaje de legumbres (sobre el 60%) y menor número de ingredientes. Ojo, porque bajo la apariencia de que el hummus es saludable, algunos incluyen todo tipo de azúcares y grasas incluyendo aceite de palma.

3. GUACAMOLE

Se puede acompañar de unos nachos decentes, palitos de verduras (crudités) o picos de pan integral. No cuesta nada hacerlo en casa pero también hay opciones en el supermercado. Algunas de ellas son buenas y otras... terribles.

GUACAMOLE SÍ:

Ingredientes: aguacate (97%), cebolla, pimiento, sal, azúcar, jalapeño, ajo, alginato sódico (E-401), ácido ascórbico (E-300), goma xantana (E-415), ácido cítrico (E-330).

GUACAMOLE NO:

Ingredientes: agua, cebolla (6,56%), tomates (6,19%), pimiento verde dulce (5,62%), pimiento rojo dulce (5,06%), aceite vegetal (colza), queso (**leche**) (4,69%), almidón modificado, pimiento chili verde (1,57%), aceite vegetal (coco) azúcar, sal, lactoproteína, pimiento jalapeño (0,84%), aguacate en polvo (0,66%), jugo de limón concentrado, acidulante (E-330), emulgente (E-452i), estabilizantes (E-415, E-412), ajo, aromas, especias, colorantes (E-160a), antioxidante (E-300) y colorante (E-133).

Análisis: a pesar de tener el primer guacamole un chorro de ingredientes, el 97% es aguacate. No está mal. En la segunda opción el aguacate hay que buscarlo con microscopio. El primer ingrediente es agua y en el ¡decimoquinto! lugar encontramos un 0,66% de aguacate. Sí, 0,66% de aguacate. En 20 gramos de guacamole que untemos en una tostada encontraremos ¡0,13 gramos de aguacate! Sobran las palabras.

ZORROMOSTROS NUTRICIONALES

Según el «diccionario manchego», un *zorromostro* es algo feo o raro. Concepto: «Vaya pintas llevas, vas hecho un *zorromostro*». Los zorromostros nutricionales también existen y habitan entre nosotros. Son productos extraños y terriblemente feos. Quizá no son feos por fuera, pero sí por dentro, desde el punto de vista nutricional.

Es posible que el *zorromostro* nutricional, en un pasado muy lejano, fuera un alimento inocente e incluso saludable. Pero al pobre lo han transformado tanto y le han añadido tantos ingredientes superfluos que hoy no lo reconocería ni su padre.

Así son muchos productos ultraprocesados. Productos que partieron de una materia prima quizá decente pero que ya no hay por dónde cogerla. Dentro de los *zorromostros* nutricionales hay dos tipos a los que tengo un cariño especial: el surimi y la carne separada mecánicamente. A ellos, y solo a ellos, les debemos nuestras mayores glorias alimentarias.

¿QUÉ ES EL SURIMI?

Surimi significa literalmente «carne picada». Es una mezcla de distintos tipos de pescado que se trocea, se estabiliza y se enjuaga con agua hasta volverse una masa gelatinosa de proteínas. ¿Y qué pescados son? Si el fabricante no suelta prenda, ni lo sabes ni lo sabrás. A pesar de que el pescado (fresco o congelado) siempre tiene que indicar su especie en la etiqueta que lo acompaña, el surimi legalmente no tiene que hacerlo. Basta con que ponga «pescado». Según se recoge en el BOE, literalmente, «**es difícil determinar, de manera específica, la materia prima empleada**»[103].

Hablamos de un ultraprocesado elevado a la categoría máxima: ni siquiera se puede saber de qué está hecho. A partir del surimi se obtienen los famosos palitos de mar, mal llamados «palitos de cangrejo», y los sucedáneos de angulas.

1. ¿DE QUÉ ESTÁN HECHOS LOS PALITOS DE MAR?

CASO PRÁCTICO

PALITOS DE MAR

Ingredientes: agua, surimi 28% (pasta de pescado, azúcar, estabilizantes E-450iii y E-451i), almidón de maíz, almidón de tapioca, clara de huevo pasteurizada, humectante (sorbitol), azúcar, sal, aceite de soja, **aroma de cangrejo** (aromas naturales, potenciadores del sabor E-621 y E-635), vino de arroz (aromas, agua, jarabe de glucosa y etil-alcohol), colorantes (E-120, E-160c y E-170).

Análisis: surimi y agua. En general, el 28-40% de los palitos de mar es surimi. En el mejor de los casos, el segundo ingrediente suele ser agua. Y digo en el mejor de los casos porque, como ocurre en este ejemplo, el agua es el primer ingrediente. Sí, hay palitos de mar con más agua que surimi.

Almidón: después del agua y del surimi llega el turno del almidón. Algo totalmente lógico porque ¡con algo hay que rellenar! ¿Qué otros productos se rellenaban con almidón? Los fiambres y las salchichas de baja calidad.

Aceite: el aceite suele ser de girasol o de colza. Como vimos en el capítulo «Aceites, mantequillas y margarinas», no son los aceites de mayor valor nutricional (aunque el de colza no esté mal). En este caso han empleado aceite de soja.

Azúcar, sal y aditivos: si en los palitos de mar hay poco pescado y el agua y el almidón no saben a nada... ¡algo habrá que hacer para darle sabor! Se le añade un poco de azúcar, jarabe de glucosa si se tercia, una pizca de glutamato y algún potenciador más del sabor como el E-631. Un festival. Aunque, por otro lado, entiendo que es lo normal cuando quieres que algo parezca lo que no es.

2. ¿Y DÓNDE ESTÁ EL CANGREJO?

Con suerte encontraremos la palabra cangrejo como «aroma de cangrejo». Simplificando, los palitos llevan algo así como un «*eau* de cangrejo». Un poco de colorante y a correr.

3. ¡PERO SON BARATOS!

No tanto. Es verdad que algunos cuestan 3€/kg, pero la mayoría, incluso marcas blancas, están en 9-12€/kg. Por menos de esa cantidad tenemos mucho pescado (jurel, sardinas, bacaladilla, ¡incluso merluza y langostinos congelados!) para echarnos a la boca. Recordemos que el pescado congelado mantiene sus propiedades.

4. ¡PERO TIENEN PROTEÍNAS!

La gente piensa que son gran fuente de proteínas y muchos de ellos solo tienen un 5% (el pescado, un 20%).

5. ¡PERO ENGORDAN POCO!

Claro, porque tienen mucha agua, pero poco valor nutricional.

6. ¿Y LOS SUCEDÁNEOS DE ANGULA?

Primos hermanos cambiando los aromas y poco más.

CONCLUSIÓN: olvidémonos de los sucedáneos y comamos pescado. Como vimos en la página 163, también lo hay de calidad y barato.

CARNE SEPARADA MECÁNICAMENTE

La carne separada mecánicamente se obtiene a partir de la carne que queda en las canales de animales una vez que se han eliminado los cortes principales[104]. Simplificando: los restos de carne que quedan pegados al hueso. Estos restos se pueden separar por medios mecánicos y utilizarse en otros alimentos.

Hay dos tipos principales de carne separada mecánicamente:

1. Carne separada mecánicamente utilizando «alta presión»: se obtiene un producto similar a una pasta (podría decirse que no muy agradable a la vista). Curiosamente, esta pasta de menor valor nutricional es la que utilizamos para hacer productos que típicamente se dan a los niños, como las salchichas y los *nuggets*.

2. Carne separada mecánicamente utilizando «baja presión»: se obtiene un producto similar en apariencia a la carne picada.

CASO PRÁCTICO

SALCHICHAS ESTILO FRANKFURT

Ingredientes: carne de pollo separada mecánicamente (41%), agua, grasa de cerdo, almidón, carne de pavo separada mecánicamente (8%), corteza de cerdo, sal, estabilizantes (E-412, E-415, E-451), azúcar, fibra de **SOJA**, especias y aromas, antioxidante (E-316), aroma de humo, conservador (E-250). Recubrimiento: colágeno.

Análisis: estas salchichas que damos de cenar a nuestras criaturas, porque no rechistan y se las comen, no tienen ni un 50% de carne. No, la suma de la carne separada mecánicamente de pavo y pollo ni siquiera alcanza el 50% de la composición. El resto es principalmente agua, grasa de cerdo y almidón.

EL *ZORROMOSTRO* SUPERLATIVO

Si Hades, el dios del inframundo, era el hijo de Cronos y Rea, el dios del inframundo nutricional es fruto de la unión entre el surimi y el fiambre. Lo llamaremos «cangre-fiambre».

Este *zorromostro* superlativo es una criatura sobrenatural creada a partir de dos *zorromostros* insignes. Disfruten de la última etiqueta, porque no tiene desperdicio. Bueno, en realidad sí tiene mucho desperdicio, ya me entienden.

CASO PRÁCTICO

CANGRE-FIAMBRE

Ingredientes: carne de pavo, cerdo (40%), tocino, agua, surimi (clara de huevo, pescado blanco, aceite de girasol, azúcar), fécula de patata, carne de cangrejo (2%), proteína de soja, aroma de cangrejo, estabilizadores (E-420, E-451i), antioxidantes (E-316, E-331iii), potenciador de sabor (E-621), conservador (E-250), color (E-120, E-160a).

Análisis: excepto cangrejo (solo lleva un 2%), el cangre-fiambre lo tiene todo. Literalmente. Todo lo que no debería llevar un buen alimento: grasas poco saludables (tocino), azúcar, fécula de patata (no aporta nada) y ocho aditivos para la colección, entre los que no podía faltar el glutamato.

Busque, compare y, si encuentra un *zorromostro* nutricional mayor, por favor, hágamelo saber: me interesa.

EPÍLOGO

LA VISIÓN DE LA INDUSTRIA

POR GEMMA DEL CAÑO,
FARMACÉUTICA Y EXPERTA EN CALIDAD Y SEGURIDAD ALIMENTARIA

¡Enhorabuena! Si has llegado hasta aquí no habrá etiqueta que se te resista. Serás capaz de ir por el súper identificando *zorromostros* de un vistazo. Pero claro, igual te sientes engañado, defraudado, un poco asustado y ligeramente tonto por no haber sido consciente hasta ahora de todas las tretas que usamos en la Industria Alimentaria (a partir de ahora, el Imperio) para conseguir productos menos sanos mientras te hacemos pensar que lo son más. Quizá hasta más que una manzana, unas legumbres en conserva o una bolsa de lechuga cortada. Como supongo que habrás notado (eres lector de Boticaria García, doy por hecho que eres un poco más listo que el resto del mundo), no he elegido esos productos al azar. Son productos procesados, elaborados también por el Imperio, pero el otro, el Imperio del bien.

Sí, sí, claro que hay un Imperio del bien, pero ¿qué te creías?

Ese Imperio que nos facilita la vida, el que investiga cómo tener alimentos que nos duren más, el que ha llegado a ofrecernos hoy los alimentos más seguros de la historia. Con aditivos y todo. Espero que no estés pensando que me he vuelto (más) loca. Estoy muy segura de lo que digo. Veamos, lo repito a ver si me sale de nuevo. Los alimentos son seguros con aditivos y todo.

Llevo trabajando muchos años para el Imperio y he venido a confesarme: hacemos muchas cosas mal. Como has leído, os pongo letras muy grandes en los envases para que no veas las pequeñas (lo más pequeñas que nos permite la ley). A veces, incluso le añadimos una cantidad chiquita, casi testimonial (lo mínimo obligatorio) para poder atribuir a un alimento alguna propiedad «extra» para poder poner esas letrajas tan enormes **¡CON VITAMINAS!** Se nos da de miedo. Y si encima se lo añadimos en un producto insano, mejor que mejor. Le ponemos un envase bonito y listo, conseguiremos que caigáis en nuestras redes.

A lo largo de la historia, la preocupación más grande a la hora de comer era que ese alimento no te matara. Casi nada. Las prioridades estaban claras: que no me mate y que me haga aguantar hasta que pueda volver a comer (sin tener claro cuándo iba a ser ese momento). No estaban mal elegidas para aquellos momentos, la verdad.

Y en ello hemos seguido. Intentamos que los alimentos sean seguros (con tecnología de la NASA, no os creáis que nos andamos con chiquitas) y vamos muy bien. Si seguimos las normas, pocas cosas se nos escapan en cuanto a seguridad. Han sido muchos años de esfuerzo. No temáis al Imperio en ese sentido. Cada producto que sale al mercado es completamente seguro. Ningún aditivo es tóxico en las condiciones en las que lo añadimos. Otra cosa es que ese aditivo se añada a un producto que ya no es correcto por sí mismo. Ahí la tenemos liada, no por la seguridad del aditivo o del producto, sino porque el alimento no es sano.

Que no es lo mismo. Un alimento seguro es uno que no te mate, que no tenga un tornillo, que puedas meterlo en tu cesta de la compra con tranquilidad. Un alimento sano es el que te permite tener unos buenos hábitos nutricionales. A los que no son sanos se les identifica bien, llevan largas tiradas de listas de ingredientes. Vienen requeteenvasados y tienen un montón de colores superchillones. No tiene pérdida. Hay pasillos enteros, huye cuanto antes de allí y no vuelvas nunca.

Hay un truco para saber si nos estamos dejando llevar por el Imperio del mal. Es como una vacuna que te hace casi invencible a sus redes. Vamos a probarla.

Caminad hasta la despensa. O armario. O nevera. No me digáis que no lo pongo fácil.

Ahora viene un poco de ejercicio, hace falta entrenamiento, pero con un par de veces lo habrás pillado.

Empezamos. Respira hondo.

Tiene que estar sincronizado. Levanta el brazo hasta coger un producto. Mientras lo bajas, comienza con un leve giro de muñeca. Imaginad que sois los reyes y vais a saludar a la afición. Vas muy bien.

En ese giro habrás comprobado que el producto ha girado contigo y queda al descubierto la parte de atrás del envase. ¡Ahí está! Usa gafas si lo crees necesario, porque es donde está la verdadera información. En la lista de ingredientes y en la tabla nutricional. Es importante que mires las dos cosas juntas, que son como Marián y yo cantando en sándwich mixto, o va junto o la cosa se queda como coja.

En esa lista de ingredientes hay que comprobar cuáles ocupan los primeros puestos, los más importantes, los que están presentes en mayor cantidad. Por ejemplo, podéis haber cogido un producto que en su envase pone «Sin aceite de palma», pero en la lista de ingredientes el primero es el azúcar. Solo teníais una manera de saberlo. Ese giro de muñeca os hace invencibles frente a cualquiera de las malas artes del Imperio.

Porque yo os aseguro que los alimentos son seguros, en tu mano está (literalmente) elegir los sanos.

Entonces... ¿no hay esperanza? Sí la hay, vaya si la hay. Y está en este libro. Cuando aprendes a elegir, aprendes a modificar el consumo de ciertos productos y, por tanto, a modificar lo que yo fabrique para ti.

Te voy a contar un secreto imperial: si dejas de comprar un producto, yo dejo de fabricarlo. Brutal, ¿verdad? El consumidor —bien— informado tiene un poder que ni imagina. Si no te dejas llevar por lo primero que lees en el envase... además de ser un héroe, conseguirás que nos dejemos de tonterías y hagamos alimentos más sanos. Llevamos mucho tiempo haciéndolo mal, échanos una mano.

Eso sí, puedes aprovecharte del Imperio del bien. El que nos ayuda a comer correctamente con el ritmo de vida que llevamos.

Alimentos ultracongelados, cuarta gama, conservas... son opciones fantásticas que nos ayudarán a conseguir unos buenos hábitos nutricionales.

Sabemos hacer las cosas bien. Hemos conseguido que nuestros alimentos duren más y hasta que estén disponibles durante todo el año. Es indudable que cuando nos ponemos lo conseguimos. Así que, sin duda, hay esperanza.

Siempre cuento que cuando alguien le decía a mi abuela: «Pepita, ya no comemos como antes», ella contestaba: «Y menos mal, hijo, y menos mal. Anda que no he comido yo mondas de patatas, no vuelvo a eso ni loca». Qué razón tenía, yo no quiero comer como se hacía antes. Yo quiero comer con las ventajas de ahora, con la cantidad de alimentos de ahora y con la libertad de ahora. Eso sí, tenemos que ser responsables de nuestra compra, de lo que elegimos cada día y de lo que comemos. Al menos hasta que en el Imperio (y la legislación) nos pongamos las pilas para informar correctamente en los envases, no nos quedará más remedio que hacer ese giro de muñeca (en dos días serás medalla de oro) y leer la etiqueta.

No te olvides de este libro antes de ir al súper. Todas las claves están aquí.

BIBLIOGRAFÍA

[1] DOUE (Diario Oficial de la Unión Europea), «Reglamento sobre la información alimentaria facilitada al consumidor», en EUR-Lex, disponible en *<https://eur-lex.europa.eu/legal-content/ES/TXT/?uri=celex%3A32011R1169>*, 2011.

[2] AECOSAN (Agencia Española de Consumo, Seguridad Alimentaria y Nutrición), «El etiquetado cuenta mucho», disponible en *<http://eletiquetadocuenta-mucho.aecosan.msssi.gob.es/index.html>*, 2018.

[3] BOE (Boletín Oficial del Estado), « Información alimentaria facilitada al consumidor», disponible en *<https://www.boe.es/doue/2011/304/L00018-00063.pdf>*, 2011.

[4] Agencia de Salud Pública de Catalunya. «Pequeños cambios para comer mejor», 2018.

[5] AECOSAN (Agencia Española de Consumo, Seguridad Alimentaria y Nutrición), «Declaraciones nutricionales autorizadas y las condiciones de uso», disponible en *<http://www.aecosan.msssi.gob.es/AECOSAN/docs/documentos/seguridad_alimentaria/gestion_riesgos/Tabla_declaraciones _NUTRICIONALES_autorizadas.pdf>*, 2018.

[6] BOE (Boletín Oficial del Estado), «Información alimentaria», disponible en *<https://www.boe.es/boe/dias/2015/03/04/pdfs/BOE-A-2015-2293.pdf>*, 2015.

[7] American Dietetic Association, «Vegetarian diets», disponible en *<https://www.ncbi.nlm.nih.gov/pubmed/19562864>*, 2009.

[8] European Medicine Agency, «Sales of veterinary antimicrobial agents in 30 European countries in 2015», disponible en *<https://www.ema.europa.eu/documents/report/seventh-esvac-report-sales-veterinary-antimicrobial-agents-30-european-countries-2015_en.pdf>*, 2015.

[9] BOE (Boletín Oficial del Estado), «Prohibición de sustancias de efecto hormonal y tireostático y sustancias beta-agonistas de uso en la cría de ganado», disponible en *<https://www.boe.es/buscar/doc.php?id=BOE-A-2009-5927>*, 2009.

[10] Department of Paediatric Respiratory Medicine (NCBI), «Milk, mucus and myths», disponible en *<https://www.ncbi.nlm.nih.gov/pubmed/30190283>*, 2019.

[11] *European Heart Journal*, «Trans-fatty acids and mortality in patients referred for coronary angiography: the Ludwigshafen Risk and Cardiovascular Health Study», disponible en *<https://academic.oup.com/eurheartj/article/37/13/1072/2398347>*, 2019.

12 FEAD (Fundación Española del Aparato Digestivo), «Puesta al día en común en la intolerancia a la lactosa», disponible en <http://senpe.com/documentacion/privado/7-puesta-al-dia-en-comun-en-la-intolerancia-a-la-lactosa.pdf>, 2017.

13 FSA Panel on Dietetic Products, NDA (Nutrition and Allergies), «Scientific Opinion on the substantiation of health claims related to foods with reduced lactose content and decreasing gastro-intestinal discomfort caused by lactose intake in lactose intolerant individuals» (ID 646, 1224, 1238, 1339), 2011.

14 Unidad de Gastroenterología y Nutrición Pediátrica (Clínica Infantil Stauros, Barcelona), «Uso de la leche de cabra en alérgicos a la leche de vaca», disponible en <https://www.ncbi.nlm.nih.gov/pubmed/12882742>, 2003.

15 *Codex Alimentarius*, «Norma general del Codex para el uso de términos lecheros», disponible en <www.fao.org/input/download/standards/332/CXS_206s.pdf>, 1999.

16 DOUE (Diario Oficial de la Unión Europea), «Denominación de listado de productos», disponible en <https://www.boe.es/doue/2010/336/L00055-00059.pdf>, 2010.

17 Suárez López M.M., Kizlansky A. y López L.B. (Nutrición Hospitalaria), «Evaluación de la calidad de las proteínas en los alimentos calculando el escore de aminoácidos corregido por digestibilidad», disponible en <http://scielo.isciii.es/scielo.php?script=sci_arttext&pid=S0212-16112006000100009>, 2006.

18 AECOSAN (Agencia Española de Consumo, Seguridad Alimentaria y Nutrición), «Riesgos microbiológicos asociados al consumo de leche cruda y productos lácteos elaborados a base de leche cruda», disponible en <http://www.aecosan.msssi.gob.es/AECOSAN/docs/documentos/seguridad_alimentaria/evaluacion_riesgos/informes_comite/LECHE_CRUDA.pdf>, 2015.

19 CIDO (Cercador d'Informació i Documentació Oficials), «Venta directa de leche cruda de vaca», disponible en <http://cido.diba.cat/legislacio/7979134/decret-1632018-de-17-de-juliol-de-venda-directa-de-llet-crua-de-vaca-departament-de-la-presidencia>, 2018.

20 OMS (Organización Mundial de la Salud), «Ingesta de azúcares recomendada en la directriz de la OMS para adultos y niños», disponible en <https://www.who.int/nutrition/publications/guidelines/sugar_intake_information_note_es.pdf>, 2015.

21 American Heart Association, «Added sugars», disponible en <https://www.heart.org/en/healthy-living/healthy-eating/eat-smart/sugar/added-sugars>, 2018.

22 BOE (Boletín Oficial del Estado), «Norma de calidad para el yogur», disponible en <https://www.boe.es/buscar/pdf/2014/BOE-A-2014-4515-consolidado.pdf>, 2014.

23 Abbott, A., (Nature), «Sugar substitutes linked to obesity», disponible en <https://www.nature.com/news/sugar-substitutes-linked-to-obesity-1.15938>, 2014.

24 DOUE (Diario Oficial de la Unión Europea), «Condiciones de uso de determinadas declaraciones de propiedades saludables relativas al efecto de los fitoesteroles y fitoestanoles en la reducción del colesterol LDL en la sangre», disponible en <https://www.boe.es/doue/2014/182/L00027-00030.pdf>, 2014.

25 AECOSAN (Agencia Española de Consumo, Seguridad Alimentaria y Nutrición), «Uso de cloruro cálcico (coadyuvante/aditivo) en quesos», disponible en <http://www.aecosan.msssi.gob.es/AECOSAN/docs/documentos/seguridad_alimentaria/interpretaciones/quimicas/Cloruro_calcico_quesos.pdf>, 2017.

26 BOE (Boletín Oficial del Estado), «Normas de calidad para quesos y quesos fundidos», disponible en <https://www.boe.es/buscar/doc.php?id=BOE-A-2006-17436>, 2006.

27 AECOSAN (Agencia Española de Consumo, Seguridad Alimentaria y Nutrición), «Riesgos microbiológicos asociados al consumo de leche cruda y productos lácteos elaborados a base de leche cruda», disponible en <http://www.aecosan.msssi.gob.es/AECOSAN/docs/documentos/seguridad_alimentaria/evaluacion_riesgos/informes_comite/LECHE_CRUDA.pdf>, 2015.

28 AECOSAN (Agencia Española de Consumo, Seguridad Alimentaria y Nutrición), «Alimentos listos para el consumo que pueden plantear riesgo de Listeria monocytogenes y actuaciones consiguientes», disponible en <http://www.aecosan.msssi.gob.es/AECOSAN/docs/documentos/seguridad_alimentaria/interpretaciones/biologicas/listeria_anexo.pdf>, 2012.

29 EFSA (European Food Safety Authority), «Listeria infections increase in vulnerable groups», disponible en <https://www.efsa.europa.eu/en/press/news/180124>, 2018.

30 CDC (Centers for Disease Control and Prevention), «Raw Milk Questions and Answers», disponible en <https://www.cdc.gov/foodsafety/rawmilk/raw-milk-questions-and-answers.html>

31 NHS (National Health Service), «Listeriosis», disponible en <https://www.nhs.uk/conditions/listeriosis/>, 2017.

32 Harvard T.H. Chan School of Public Health, «Healthy Eating Plate», disponible en <https://www.hsph.harvard.edu/nutritionsource/healthy-eating-plate/>, 2011.

33 Nutrition Australia, «Healthy Eating Pyramid», disponible en <http://www.nutritionaustralia.org/national/resource/healthy-eating-pyramid>, 2015.

34 FAO (Food And Agriculture Organization of the United Nations), «Food-based dietary guidelines-Belgium», disponible en <http://www.fao.org/nutrition/education/food-dietary-guidelines/regions/countries/belgium/en/>, 2017.

35 IUIBS (Instituto Universitario de Investigaciones Biomédicas y Sanitarias, Universidad de Las Palmas de Gran Canaria), «Relación entre pan y obesidad», disponible en <https://www.ncbi.nlm.nih.gov/pubmed/26148919>, 2015.

36 *International Journal of Obesity* (Nature), «Similar weight loss with low-energy food combining or balanced diets», disponible en <https://www.nature.com/articles/0801185>, 2000.

37 FACE (Federación de Asociaciones de Celíacos de España), «Manual de la enfermedad celíaca», disponible en <https://www.celiacos.org/images/pdf/Manual-de-la-enfermedad-celiaca-v-1.2.pdf>, 2017.

38 EFSA (European Food Safety Authority), «Scientific Opinion on Arsenic in Food», disponible en <http://www.efsa.europa.eu/en/efsajournal/pub/1351>, 2009.

39 CE (Comisión Europea), «Contenido máximo de determinados contaminantes en los productos alimenticios», disponible en <https://eur-lex.europa.eu/legal-content/ES/ALL/?uri=CELEX:32006R1881&qid=1429014799516>, 2006.

40 School of Environmental Studies, Jadavpur University, «Arsenic burden of cooked rice: Traditional and modern methods», disponible en <https://www.ncbi.nlm.nih.gov/pubmed/16876928>, 2006.

41 National Food Agency, «Inorganic arsenic in rice and rice products on the swedish market», disponible en <https://www.livsmedelsverket.se/globalassets/publikationsdatabas/rapporter/2015/a-survey-of-inorganic-arsenic-in-rice-and-rice-products-on-the-swedish-market-2015---part-1.pdf>, 2015.

42 Parlamento Europeo (Consejo de la Unión Europea), «Regímenes de calidad de los productos agrícolas y alimenticios», disponible en <https://eur-lex.europa.eu/legal-content/es/ALL/?uri=CELEX:32012R1151>, 2012.

43 DOUE (Diario Oficial de la Unión Europea), «Protección de las indicaciones geográficas y de las denominaciones de origen de los productos agrícolas y alimenticios», disponible en <https://eur-lex.europa.eu/LexUriServ/LexUriServ.do?uri=OJ:L:2006:093:0012:0025:es:PDF>, 2006.

44 Ministerio de Agricultura, Alimentación y Medio Ambiente, «Mapa de legumbres con denominación de origen protegida e indicación geográfica protegida», disponible en <http://www.alimentacion.es/es/turismo_agroalimetario/mapas_de_alimentos_con_calidad_diferenciada/legumbres/boletin.pdf>, 2013.

45 Ministerio de Agricultura, Alimentación y Medio Ambiente, «Localizador geográfico», disponible en <https://sig.mapama.gob.es/alimentacion/>.

46 BOE (Boletín Oficial del Estado), «Norma de calidad para determinadas legumbres secas y legumbres mondadas, envasadas, destinadas al mercado interior», disponible en <https://www.boe.es/diario_boe/txt.php?id=BOE-A-1983-30007>, 1983.

47 INIA (Instituto Nacional de Investigación y Tecnología Agraria y Alimentaria), «Situación del cultivo de legumbres», disponible en <http://wwwsp.inia.es/Investigacion/OtrasUni/TransferenciaTecnologia/

ForosINIA/Legumin/Lists/Presentaciones/Attachments/1/01LuisEBernardoMAGRAMA.pdf>, 2016.

48 AECOSAN (Agencia Española de Consumo, Seguridad Alimentaria y Nutrición), «El etiquetado cuenta mucho», disponible en <http://eletiquetadocuentamucho.aecosan.msssi.gob.es/obligatoria.html>.

49 Department of Physiology and Biochemistry of Nutrition, Max Rubner-Institut (Alemania), «Phytate in foods and significance for humans: food sources, intake, processing, bioavailability, protective role and analysis», disponible en <https://www.ncbi.nlm.nih.gov/pubmed/19774556>, 2009.

50 AECOSAN (Agencia Española de Consumo, Seguridad Alimentaria y Nutrición) y FEN (Fundación Española de la Nutrición), «Informe sobre legumbres, nutrición y salud», disponible en <http://www.aecosan.msssi.gob.es/AECOSAN/docs/documentos/noticias/2017/Informe_Legumbres_Nutricion_Salud.pdf>.

51 School of Agriculture, Food and Rural Development (Newcastle University) *et al.*, «Higher antioxidant and lower cadmium concentrations and lower incidence of pesticide residues in organically grown crops: a systematic literature review and meta-analyses», disponible en <https://www.ncbi.nlm.nih.gov/pubmed/24968103/>, 2014.

52 Annals of Internal Medicine, «Are Organic Foods Safer or Healthier Than Conventional Alternatives?: A Systematic Review», disponible en <http://annals.org/aim/article-abstract/1355685/organic-foods-safer-healthier-than-conventional-alternatives-systematic-review>, 2012.

53 Balmford, A. *et al.* (University of Aberdeen), «The environmental costs and benefits of high-yield farming», disponible en <https://abdn.pure.elsevier.com/en/publications/the-environmental-costs-and-benefits-of-high-yield-farming>, 2018.

54 AECOSAN (Agencia Española de Consumo, Seguridad Alimentaria y Nutrición), «Frutas y verduras siempre seguras», disponible en <http://www.aecosan.msssi.gob.es/AECOSAN/web/para_el_consumidor/ampliacion/frutas_verduras.htm>.

55 Basulto, J. *et al.* (Grupo de Revisión, Estudio y Posicionamiento de la Asociación Española de Dietistas-Nutricionistas), «Pérdidas de nutrientes mediante la manipulación doméstica de frutas y hortalizas», disponible en <http://fedn.es/docs/grep/docs/FyH.pdf>, 2012.

56 BOE (Boletín Oficial del Estado), «Normas relativas a la elaboración, composición, etiquetado, presentación y publicidad de los zumos de frutas y otros productos similares destinados a la alimentación humana», disponible en <https://www.boe.es/diario_boe/txt.php?id=BOE-A-2013-10611>, 2013.

57 BOE (Boletín Oficial del Estado), «Norma de calidad de derivados cárnicos», disponible en <https://www.boe.es/diario_boe/txt.php?id=BOE-A-2014-6435>, 2014.

58 BOE (Boletín Oficial del Estado), «Norma de calidad para la carne, el jamón, la paleta y la caña de lomo ibérico», disponible en *<https://www.boe.es/buscar/act.php?id=BOE-A-2014-318>*, 2014.

59 AECOSAN (Agencia Española de Consumo, Seguridad Alimentaria y Nutrición), «Uso de extractos vegetales en pescado y productos de la pesca», disponible en *<http://www.aecosan.msssi.gob.es/AECOSAN/docs/documentos/seguridad_alimentaria/interpretaciones/quimicas/extractos_vegetales_uso_pesca.pdf>*, 2016.

60 BOE (Boletín Oficial del Estado), «Listado de denominaciones comerciales de especies pesqueras y de acuicultura admitidas en España», disponible en *<https://www.boe.es/diario_boe/txt.php?id=BOE-A-2018-2884>*, 2018.

61 DOUE (Diario Oficial de la Unión Europea), «Organización común de mercados en el sector de los productos de la pesca y de la acuicultura», disponible en *<https://www.boe.es/doue/2013/354/L00001-00021.pdf>*, 2013.

62 AECOSAN (Agencia Española de Consumo, Seguridad Alimentaria y Nutrición), «Recomendaciones de consumo de pescado (pez espada, tiburón, atún rojo y lucio) debido a la presencia de mercurio», disponible en *<http://www.aecosan.msssi.gob.es/AECOSAN/web/para_el_consumidor/ampliacion/mercurio_pescado.htm>*, 2011.

63 AECOSAN (Agencia Española de Consumo, Seguridad Alimentaria y Nutrición), «Anisakis», disponible en *<http://www.aecosan.msssi.gob.es/AECOSAN/web/para_el_consumidor/ampliacion/anisakis.htm>*.

64 AECOSAN (Agencia Española de Consumo, Seguridad Alimentaria y Nutrición), «Condiciones aplicables a la comercialización de atún descongelado», disponible en *<http://www.aecosan.msssi.gob.es/AECOSAN/docs/documentos/seguridad_alimentaria/interpretaciones/biologicas/Atun_descongelado_legislacion.pdf>*, 2017.

65 American Heart Association, «Fats: the good, the bad and the ugly», disponible en *<https://newjersey.heart.org/national-cholesterol-education-month/11-fats-the-good-the-bad-and-the-ugly-infographic-02-17/>*, 2014.

66 Estruch, R. *et al.* (PREDIMED), «Primary Prevention of Cardiovascular Disease with a Mediterranean Diet Supplemented with Extra-Virgin Olive Oil or Nuts», disponible en *<http://www.predimed.es/uploads/8/0/5/1/8051451/nejmoa1800389_olf.pdf>*, 2018.

67 FESNAD (Federación Española de Sociedades de Nutrición, Alimentación y Dietética), «Consenso sobre las grasas y aceites», disponible en *<http://www.fesnad.org/resources/files/Publicaciones/Consenso_sobre_las_grasas_y_aceites_2015.pdf>*, 2015.

68 DOUE (Diario Oficial de la Unión Europea), «Organización común de mercados de los productos agrarios», disponible en *<https://www.boe.es/doue/2013/347/L00671-00854.pdf>*, 2013.

69 FEN (Federación Española de Nutrición), «Margarina», disponible en <http://www.fen.org.es/mercadoFen/pdfs/margarina.pdf>, 2013.

70 AECOSAN (Agencia Española de Consumo, Seguridad Alimentaria y Nutrición), V Convención Naos, «Estudio ENRICA», disponible en <http://www.aecosan.msssi.gob.es/AECOSAN/docs/documentos/nutricion/2._Fernando_Rodriguez_Artalejo_-_Estudio_ENRICA.pdf>, 2011.

71 Eyres, L. y Eyres, M. (Oxford University), «Coconut oil consumption and cardiovascular risk factors in humans», disponible en <https://www.ncbi.nlm.nih.gov/pubmed/26946252>, 2016.

72 American Heart Association, «Dietary fats and cardiovascular disease: a presidential advisory from the American Heart Association», disponible en <https://www.ahajournals.org/doi/abs/10.1161/CIR.0000000000000510>, 2017.

73 DOUE (Diario Oficial de la Unión Europea), «Información alimentaria facilitada al consumidor», disponible en <https://eur-lex.europa.eu/LexUriServ/LexUriServ.do?uri=OJ:L:2011:304:0018:0063:es:PDF>, 2011.

74 FDA (Food and Drug Administration), «Changes to the nutrition facts label», disponible en <https://www.fda.gov/Food/GuidanceRegulation/GuidanceDocumentsRegulatoryInformation/LabelingNutrition/ucm385663.htm>, 2016.

75 BOE (Boletín Oficial del Estado), «Reglamentación técnico-sanitaria sobre determinados azúcares destinados a la alimentación humana», disponible en <https://www.boe.es/buscar/pdf/2003/BOE-A-2003-15481-consolidado.pdf>, 2009.

76 FDA (Food and Drug Administration), «High fructose corn syrup questions and answers», disponible en <https://www.fda.gov/Food/IngredientsPackagingLabeling/FoodAdditivesIngredients/ucm324856.htm>, 2018.

77 Department of Nutritional Sciences, Faculty of Medicine (University of Toronto), «The role of fructose, sucrose and high-fructose corn syrup in diabetes», disponible en <https://www.ncbi.nlm.nih.gov/pubmed/29872464>, 2014.

78 Department of Nutritional Sciences, Faculty of Medicine (University of Toronto), «Controversies about sugars: results from systematic reviews and meta-analyses on obesity, cardiometabolic disease and diabetes», disponible en <https://www.ncbi.nlm.nih.gov/pubmed/27900447>, 2016.

79 Stuckel, J. G. y Low, N. H. (ScienceDirect), «The chemical composition of 80 pure maple syrup samples produced in North America», disponible en <https://www.sciencedirect.com/science/article/pii/0963996996000002?via%3Dihub>, 2018.

80 Corrales Ramírez, L. C., Muñoz Ariza, M. M. y González Pérez, L. M., «Estudio descriptivo de las prácticas de manufactura en la industria panelera de los trapiches San Francisco y La Esmeralda en Boyacá y Caldas», disponible en <http://www.scielo.org.co/scielo.php?script=sci_arttext&pid=S1794-24702012000200004>, 2012.

81 Guerra, M. J. y Mujica, M. V., «Propiedades físicas y químicas de rapaduras granuladas», disponible en <http://www.scielo.br/scielo.php?script=sci_arttext&pid=S0101-20612010000100037>, 2010.

82 EFSA (European Food Safety Authority), «Honey and health claims», disponible en <https://efsa.onlinelibrary.wiley.com/doi/10.2903/j.efsa.2010.1484>, 2010.

83 BOE (Boletín Oficial del Estado), «Norma de calidad relativa a la miel», disponible en <https://www.boe.es/buscar/doc.php?id=BOE-A-2003-15598>, 2003.

84 DOCE (Diario Oficial de las Comunidades Europeas), «Miel», disponible en <https://www.boe.es/doue/2002/010/L00047-00052.pdf>, 2001.

85 BOE (Boletín Oficial del Estado), «Norma de calidad relativa a la miel», disponible en <https://www.boe.es/buscar/doc.php?id=BOE-A-2015-6841>, 2015.

86 García-Almeida, J. M., Casado Fernández, G. M. y García Alemán, J., (Nutrición Hospitalaria), «Una visión global y actual de los edulcorantes. Aspectos de regulación», disponible en <http://scielo.isciii.es/scielo.php?script=sci_arttext&pid=S0212-16112013001000003>, 2013.

87 AECOSAN (Agencia Española de Consumo, Seguridad Alimentaria y Nutrición), «Declaraciones nutricionales autorizadas», disponible en <http://www.aecosan.msssi.gob.es/AECOSAN/docs/documentos/seguridad_alimentaria/gestion_riesgos/Tabla_declaraciones_NUTRICIONALES_autorizadas.pdf>, 2018.

88 EFSA (European Food Safety Authority), «Sweeteners», disponible en <https://www.efsa.europa.eu/en/topics/topic/sweeteners>.

89 *The Journal of the Pakistan Medical Association*, «Artificial sweeteners: safe or unsafe?», disponible en <https://www.ncbi.nlm.nih.gov/pubmed/25842566>, 2015.

90 Department of Biochemistry, Rush University (Chicago), «Artificial sweeteners are not sweet to the gut microbiome», disponible en <https://www.ncbi.nlm.nih.gov/pmc/articles/PMC6146158/>, 2018.

91 Spencer, M. *et al.* (*Journal of Neurogastroenterology and Motility*), «Artificial Sweeteners: A Systematic Review and Primer for Gastroenterologists», disponible en <http://www.jnmjournal.org/journal/view.html?uid=1102&vmd=Full>, 2016.

92 Ruanpeng, D. *et al.* (QJM: *An International Journal of Medicine*), «Sugar and artificially sweetened beverages linked to obesity: a systematic review and meta-analysis», disponible en <https://academic.oup.com/qjmed/article/110/8/513/3574201>, 2017.

93 DOUE (Diario Oficial de la Unión Europea), «Reglamento sobre nuevos alimentos y nuevos ingredientes alimentarios», disponible en <https://eur-lex.europa.eu/legal-content/ES/TXT/?uri=celex%3A31997R0258>, 1997.

94 Grembecka, M., «Natural sweeteners in a human diet», en Rocz Panstw Zakl Hig, págs. 195-202, 2015.

[95] DOUE (Diario Oficial de la Unión Europea), «Regulation of the European Parliament and of the Council with regard to steviol glycosides», disponible en <https://eur-lex.europa.eu/LexUriServ/LexUriServ.do?uri=OJ:L:2011:295:0205:0211:EN:PDF>, 2011.

[96] Durán Agüero, S., Salazar, C., Espinoza, J. y Fuentealba, F. (Universidad San Sebastián, Chile), «¿Se pueden recomendar en el embarazo los edulcorantes no nutritivos?», disponible en <https://scielo.conicyt.cl/scielo.php?script=sci_arttext&pid=S0717-75182017000100014>, 2017.

[97] EFSA (European Food Safety Authority), «Aspartame», disponible en <https://www.efsa.europa.eu/en/topics/topic/aspartame>, 2013.

[98] Marinovich, M., Galli C.L., Bosetti C., Gallus S. y La Vecchia C., «Aspartame, low-calorie sweeteners and disease: regulatory safety and epidemiological issues», disponible en <https://www.ncbi.nlm.nih.gov/pubmed/23891579>, 2013.

[99] Lindinger, W., Taucher, J., Jordan, A., Hansel, A. y Vogel, W., «Endogenous Production of Methanol after the Consumption of Fruit», disponible en <https://onlinelibrary.wiley.com/doi/abs/10.1111/j.1530-0277.1997.tb03862.x>, 2006.

[100] EFSA (European Food Safety Authority), «Scientific Opinion on the re-evaluation of aspartame (E 951) as a food additive», disponible en <https://efsa.onlinelibrary.wiley.com/doi/epdf/10.2903/j.efsa.2013.3496>, 2013.

[101] ACS (American Cancer Society), «Does Aspartame Cause Cancer?», disponible en <https://www.cancer.org/cancer/cancer-causes/aspartame.html>, 2019.

[102] Aune, D. *et al.*, «A systematic review and dose-response meta-analysis of prospective studies», disponible en <https://www.ncbi.nlm.nih.gov/pmc/articles/PMC5137221/citedby/>, 2016.

[103] BOE (Boletín Oficial del Estado), «Organización común de mercados en el sector de los productos de la pesca y de la acuicultura», disponible en <https://www.boe.es/buscar/doc.php?id=DOUE-L-1993-81128>, 1993.

[104] ECOSAN (Agencia Española de Consumo, Seguridad Alimentaria y Nutrición), «La carne separada mecánicamente: EFSA evalúa los riesgos para la salud pública y los mejores métodos de detección», disponible en <http://www.aecosan.msssi.gob.es/AECOSAN/web/seguridad_alimentaria/noticias_efsa/2013/carne_separada.htm>, 2013.